砂漠の思想

リビアで考えたこと

野田 正彰

みすず書房

サブラータ

遺跡は静かに地中海に
向かって消えている。

円形劇場。3世紀に造られたアフリカ最大のもの。

劇場舞台の基部に彫られた躍動的な浮彫り。

レプティス・マグナ

市場。優美なキオスクが見える。

上：セウェレス帝のフォーラム、西壁の壁柱。
下：フォーラム遠景。頭の無い像が散在する。
右手には海の精の顔が並ぶ回廊が見える。

セウェレス帝のフォーラム。
上：フォーラムの西壁の壁柱には女性の浮彫り。
下：フォーラムの東の回廊。海の精の顔が並ぶ。

太陽を焦がすかのように
空をにらむメドゥーサの首

キュレーネ

首を落とされた像が
ローブをまとって立っている。

丘を下ったアポロンの聖域。
アポロンの泉から湧き出した豊かな水が、
側溝をあふれるばかりに流れていた。

砂漠は様々に表情を変える。

砂漠の思想　目次

第三章　砂漠の革命家

第四章　サブラータの遺跡

第五章　レプティス・マグナの遺跡

写真撮影・著者

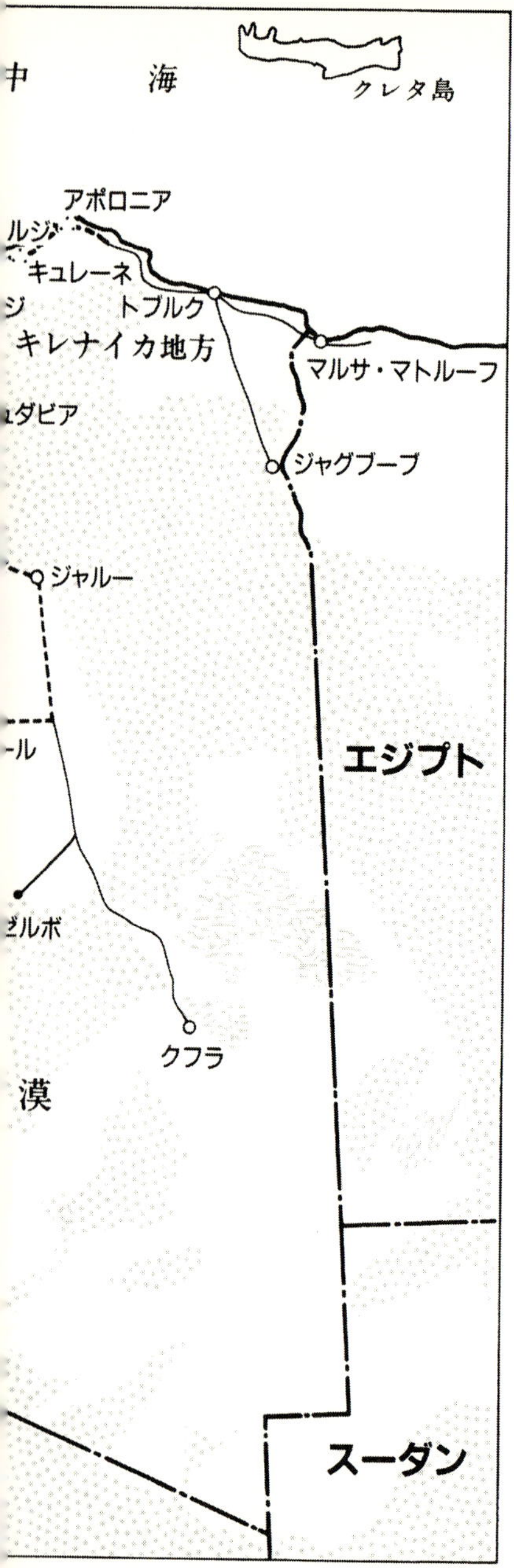

社会主義人民リビア・アラブ国

面積：176万km^2
人口：529万人
首都：トリポリ（人口145万人）
（2000年現在）

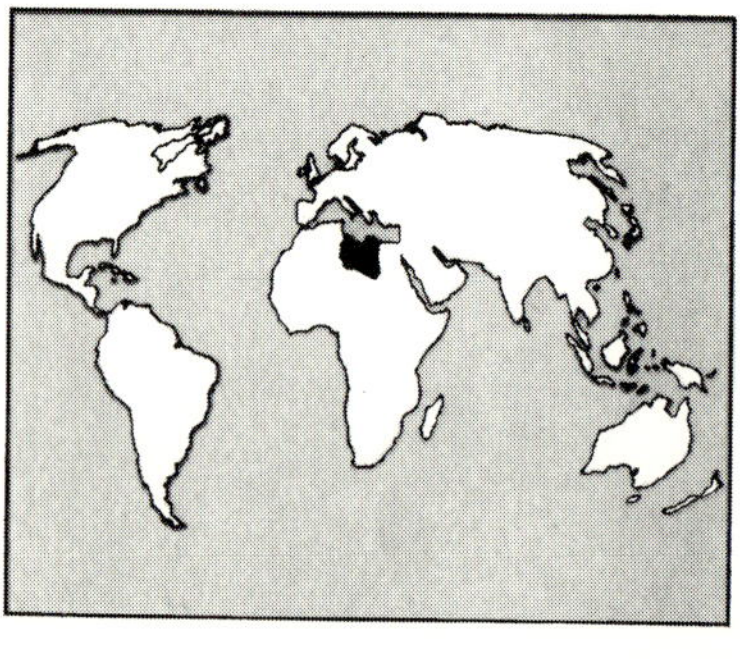

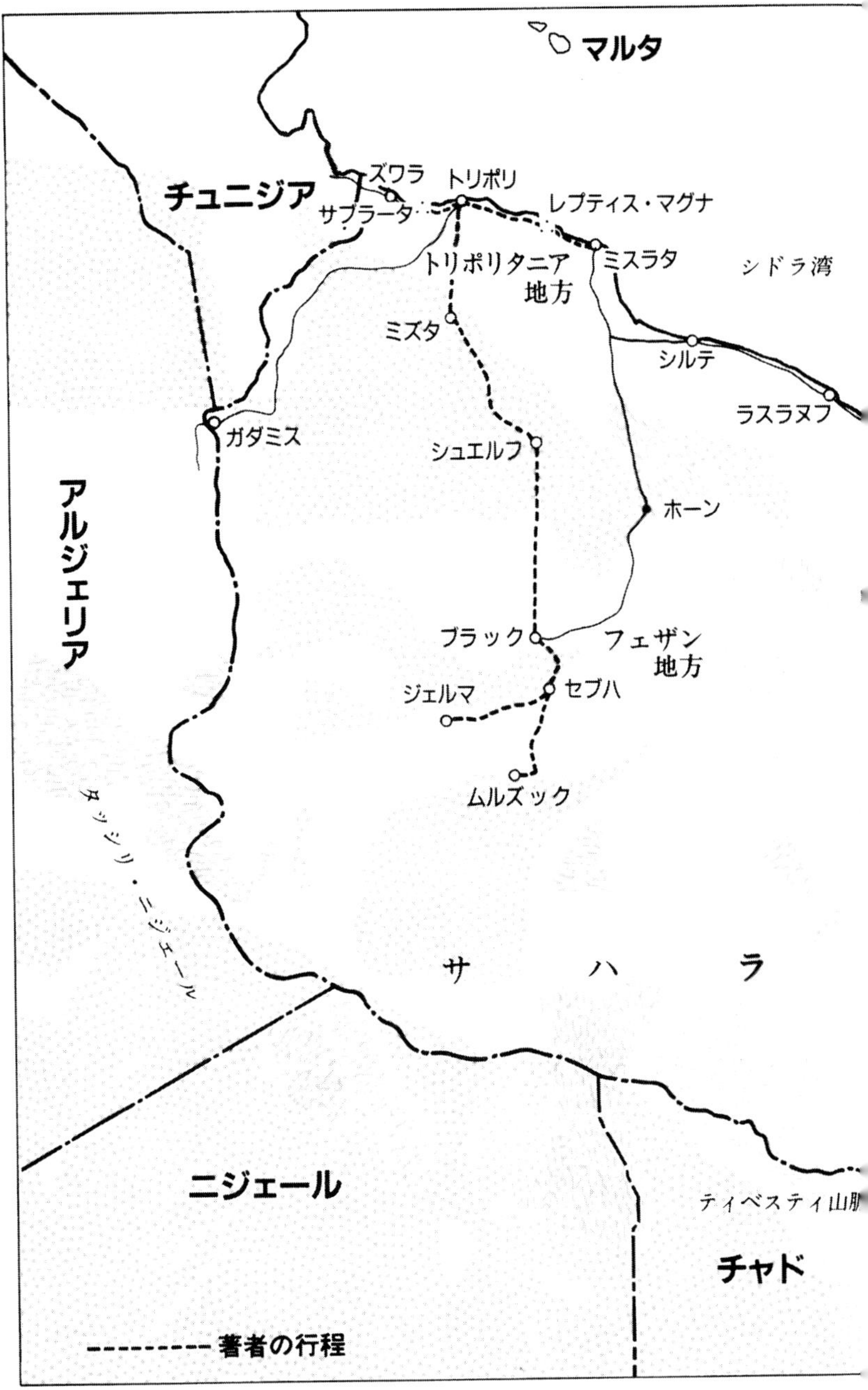
マルタ
チュニジア
ズワラ
トリポリ
サブラータ
レプティス・マグナ
ミスラタ
シドラ湾
トリポリタニア
地方
ミズタ
シルテ
ラスラヌフ
ガダミス
シュエルフ
アルジェリア
ホーン
ブラック
フェザン
地方
ジェルマ
セブハ
ムルズック
タッシリ・ニジェール
サ　ハ　ラ
ニジェール
ティベスティ山脈
チャド
著者の行程

本書の元本は一九九〇年三月『リビア新書』として情報センター出版局より刊行された。このたび、新稿を加えて編集を一新した。

はじめに――リビア讃歌

一九八〇年代、激しくアメリカと闘ったリビアは、九〇年代、米英主導による国際社会排除の制裁を受け、永く沈黙した。

一九八八年一二月、乗客乗員二五九人が乗ったパンナム機が、スコットランド上空で爆破された。翌年九月、フランスのUTA航空の旅客機がアフリカのニジェール上空で爆破され、乗客乗員一七〇人が死亡した。

パンナム機爆破は三年後の九一年末、米英両政府がリビア情報部員とリビア航空職員の二人を犯人と特定、リビア政府に引き渡しと賠償を求めた。九二年三月、国連安保理は容疑者引き渡しを求め、リビアへの飛行機離着陸禁止などの制裁を決めた。九九年三月、南アフリカのマンデラ大統領（当時）の仲介により、オランダで裁判を行うことで合意し、二人の容疑者は引き渡された。二〇〇一年、一人の情報部員のみが有罪（終身刑）となり、二〇〇二年三月、控訴が棄却され刑が確定した。

フランス機爆破については、九九年、パリの重罪裁判所における欠席裁判でリビア人六人が終身刑となり、その後リビア政府は二億フラン（約四〇億円）の賠償を行っている。

パンナム機爆破の容疑者が引き渡された九九年以降、リビアへの国連安保理制裁は停止されたが、二〇〇一年のオランダでの判決以降、その全面解除に向けて外交交渉が行われた。〇三年八月、パンナム機爆破事件の遺族に二七億ドル（三二〇三億円）の補償金を分割して支払うことをリビアと米英政府が合意。ただちに実行された。この補償金額について、先に妥結していたフランス政府はフランス機爆破事件の遺族補償額に格段の差があると抗議し、補償金の上積みを要求。当初リビア側は反発したものの、協議に入り増額された。

これら一連の爆破事件の責任と遺族補償をめぐって、リビアは米国と交渉を続けていたが、ついに同年一二月二〇日、核を含む大量破壊兵器の開発・製造計画を廃棄し、国際査察団の即時受け入れを声明した。しかし中東におけるイスラエルの核兵器については、米英は問題にもしていない。

二〇〇一年九月のアメリカでのテロの後、私はリビアのカダフィ氏の寡黙に注目した。彼はテロを否定しただけで、多くを語らなかったようだ。七年間の制裁が語ることを許さなかったのであろう。しかし、アメリカの経済・軍事支配と民族エリートの反撃、テロと空爆による報復という関係は、かつてのアメリカとリビアの関係と全く同じである。

八六年、アメリカは西ベルリンのディスコ爆破による米兵二人の死亡をリビアによるテロと断定、リビアのトリポリ、ベンガジを空爆、カダフィ殺害を狙った。それへの反撃としてパンナム機は爆破されたと考えられている（なお、リビア旅客機は一九七三年二月、イスラエルによって撃墜された過去があったことを忘れてはならない）。

また八六年のカダフィ殺害を狙ったアメリカのピンポイント爆撃は、トリポリのフランス大使館を誤爆するなど、ほとんど的中しなかった。だがコンピュータを駆使したミサイル爆撃はクウェートでの対イラク戦争をへて、アフダニスタンでのオサマ・ビンラディンらを狙った爆撃、そして〇三年四月、イラクのフセインを狙った爆撃へと、精度を高めながら続いている。アメリカは一九八六年のカダフィ殺害のためのピンポイント爆撃以降、情報機械で武装したテロ国家として確立したと言えよう。

四月末、リビアのカダフィ大佐がブリュッセルの欧州連合（ＥＵ）本部を初めて訪問した。久しぶりに彼の顔がテレビに映り、リビアは今後、平和と経済発展のために協力していくと述べていた。

私がムアンマル・アル－カッザーフィ（西洋の呼び方でカダフィ大佐）にリビアの首都トリポリの空軍基地で会ったのは一九八九年六月のこと、すでに一五年経っている。永い経済封鎖を経て、テレビに映った彼の姿は不健康にむくみ、すっかり老けていた。病気だろうか。かつての精悍《せいかん》で魅力的な表情はどこにもない。八六年からアメリカによる経済制裁、九二年から国連安保理による制裁（九九年に停止）によって、彼の気力も衰退したのであろう。ただし身体の衰えだけでなく、弛緩《しかん》した発言にも驚かされた。

彼は一九六九年、少し前に粗造されたリビア王国に対し、自由将校団を率いて無血革命を成功させた。この年、私は大学を卒業し医師になっており、カダフィとは年が二歳若いだけである。アメリカ流民主主義の欺瞞《ぎまん》を批判し、石油がなくても生きていくことができる、米ソの支持なしに生きていくべきである、といった発言に、私は同世代としての共感を抱いた。

彼はその後、砂漠のベドウィン文化から発想した直接民主主義「緑の革命」を説き、実行した。米軍基地を撤退させた後、単一アラブ国家の建設を呼びかけ続けた。隣国エジプトを初めとして、幻想のアラブへの片思いは止まなかった。だが石油に倣ったサウジアラビアはアメリカと深く結合する王制のままであり、シリアのアサド、イラクのフセインらは一国の独裁者でしかなかった。独裁者は支配する国を必要とする。持てる権力を捨てて単一アラブ世界を創ろうというカダフィの理想を、彼らは理解できなかった。

アラブに失望したカダフィは、次にアフリカに期待した。幻想のアラブを愛したようには、アフリカに思い入れすることはなかっただろうが、彼はアフリカにも統合の夢を結べなかった。西欧の植民地分割の後遺症で、アフリカ各国の矛盾はあまりに多く、協同の動きは遅かった。

「ドン・キホーテ」と呼ばれた彼は今、アメリカに屈伏した。しかし世界の虐げられた人々は、アメリカの追随者として生きていくしかないのか。あの自分勝手な正義と暴力をふりかざす帝国の動向に振り回されるしか、将来はないのか。否、失敗しても、失敗しても、現在の国家と政治システムに代わるものを創ろうとする動きは、アメリカ国内を含めて総ての被抑圧地域から発生し続けると、私は思う。

私は八九年六月、カダフィ人権賞の委員として招かれ、リビアを旅した。そのとき、カダフィ賞は獄中にあったネルソン・マンデラに贈られた。そのマンデラが仲介して、リビアはパンナム機爆破事件の容疑者引き渡しに応じ、国際社会に復帰した。私はカダフィとマンデラと私の細い糸をたぐりながら、リビア砂漠の昼と夜を想う。空爆とテロ、平和への叫びは、三角形をなして砂漠の夜空で結びついている。

リビアは極めて興味深い位置にある。地中海の南岸にあって、古代、ギリシャ、ローマの植民地だった。アフリカの北にあって、アフリカの金と象牙と奴隷がローマに運ばれた。それから永い間、イスラーム・アラブ文化圏の辺縁で眠っていた。これからアメリカと和解した後、リビアは地中海国家としてヨーロッパとの関係を深めていくのではないだろうか。豊富で良質な石油の輸出を通じて先進国（ヨーロッパ諸国、アメリカ、日本）とつながりながら、イスラエル批判をつぶやきつつ、ヨーロッパ共同体との交流が密になっていくのでないか、と思う。それは一五〇〇年ほどの年月をおいて、リビアがヨーロッパに回帰していくという面を持つことになるだろう。

本書はリビア旅行から帰った翌年春、『リビア新書』として出版された。読み返すと、地中海の現在と最古を旅し、大西洋をへだてたリビアとアメリカの政治関係を旅したことが分かる。そして旅しながら考えたことが、今日の中東とアメリカ、イラクとアメリカ、後発地域とアメリカとの分析に使われても誤っていないと思う。

その後、本書は再版されなかった。一九九六年より、リビアは観光客を受け入れるようになり、本書の再出版を求める手紙が何度となく寄せられた。昨年からのリビアの政治的変化に対し、関心も高くなっている。日本政府も昨年末、リビアの人工運河建設、製鉄所の改修などに国際協力銀行を通じ四〇〇〇億円の融資を行うことを異例の早さで決定した。このような情勢のなかで、本書は新しい読まれ方をするのではないだろうか。

新版を出すに当たって、日本リビア友好協会（会長は柿澤弘治・元外務大臣）より新しい資料を送っていただいた。新版の編集は、みすず書房の島原裕司さんが担当して下さった。記して感謝する。

二〇〇四年十一月二八日

野田正彰

アルジェへの追悼——旧版まえがき

私は今、トリポリを飛びたち、地中海の空の上にいる。マルタ島を通って、イタリアを抜ける。いささか緊張の高かったリビアの旅が終わる。狭い座席のなかでゆっくりと力を脱ぎながら、私は日本をでる前のあわただしいなかで、ふと思い出して手帳に貼っておいた古い大学新聞のコラムを開いた。それは、無事にリビアを発つことができたならば、予定されていた行為のように思われる。

一九六五年の同じ六月、二一歳の私は一〇日ごとに担当していた新聞のコラムに、次のように書いていたのだった。

アルジェの乾いた白色の街を、一人の孤独な革命の戦士が消えていった。民族解放戦線（FLN）を従え、しかし彼は異邦人のまま、暗闇の陰謀とアラブに咲き返った思想や派閥の対立のなかを、アルジェと革命と社会主義を一身に体現して、消えていった。仏人植民者百万人が事業を捨てて引揚げたあとには、二百万の失業者と産業の空白、あてどもない後進国大衆の生と権力の混乱が流れていた。

しばしば政府官僚や大衆には、彼の言動は座興的手法や場当たり的興味と映ったのかもしれない。彼の理想を積み上げる姿は、魔の独裁者に見えたことであろう。

クーデター後の革命評議会の声明は、長期的に集積された権力争いを、鮮やかに描き出す。「権力の混乱がいかなる形をとろうとも、それによってなに人も自分にゆだねられた国家ならびに公共の物を自分個人の所有物のごとく扱うことは出来ない」。「国際情勢の伸展（AA会議）は、それがいかに好ましいものであろうと、一人の人物がそれを皮肉にも個人的利益の追求に利用し、国家の最高の利益を損傷することを許すものではない」と。

ベンベラは去った。安定しはじめた国内体制をもとに、AA会議を主導的に指導し、反帝反植民地路線と平和共存路線をのりこえた、バンドン精神にかわる〝アルジェ精神〟をつくり出そうとして、会議の戸口で突然消えていった。

若き大統領ベンベラの見つづけたものは、人民の大地ではなく、そのアルジェリアの地に惜しみなく降りそそぐ太陽であったのか。

私はどうして、ほとんど知りもしないアルジェの革命家・ベンベラの政治的死について、追悼文を書いたのだろうか。

思い出そうとしても、なぜかわからない。私の心の底で、太陽の讃歌のもとでの不条理を描いたアルベール・カミュや、新植民地主義下の精神病理を告発したフランツ・ファノン、そしてアルジェのレジスタンスを白黒の映像におさめた「アルジェの戦い」がどこかで結びつき、新聞の小さな外電記事――ベンベラ大統領の失脚に勝手な思いこみをしたのかもしれない。その文章は青白く、また見たこともない北アフリカへの夢想と、自分の人生を歩みだそうとする青年の緊張が重なっている。

それから二四年たって、私はアルジェの隣国リビアを旅した。なぜリビアを旅しなければならなかったのか。もしかすると、アルジェとベンベラの夢想を確かめるために、中年に達した私が、すでに中年になった革命の国リビアと革命家カダフィとを、アルジェとベンベラのかわりとして旅したのかもしれない。

昔、アルジェとベンベラについて夢想したよりは、私のリビアやカダフィについての理解は、すこしは深まっているのであろうか。そんな物想いに耽りながら、トリポリをあとにしたのだった。

第一章　誤読のリビア

フランクフルトの時間

夕暮れのフランクフルトに着いた。時差のため、まだ私にとっては夜中の一時だが、ドイツの街は乾いて明るい。いつ来てもフランクフルトは広々とし、道路も建物も、その間を走る自動車も整然としている。ここにある淡い明るさは、森を切り拓いた陽溜まりの明るさだ。

陽気なおばさん運転手は、一気に時速二〇〇キロに踏み込んで走る。ドイツのタクシーにすら日本車がめだつようになったことなど、話す間もなく、一五分ほどで駅前の小さなホテルに着いてしまった。

ここに初めて来たのは一九七三年の七月である。私の初めてのヨーロッパ旅行だった。

ローマ経由でヨーロッパに入ったのだが、日本赤軍の丸岡をふくむパレスチナ・ゲリラによる日本航空機ハイジャックで、ローマ空港は緊張していたことを憶えている。乗っ取られたジャンボ機はリビアのベンガジ空港に降り、そこで爆破された。あれから一六年たって、私は今（一九八九年六月）、リビアに行こうとしている。

時に回想は快い。回想によって、現在の体験と過去のそれがつながり、つながった直線の時間によって、眼の前にある世界が秩序づけできるからだ。

一六年前、私が二七歳でフランクフルトに着いた時も、明るい午後の空を雨が濡らしていた。ぽっと湿った空気が、アウトバーンの向こうに固まる松の森を、近付けたり遠ざけたりしていた。当時の日本では、まだあまり見かけなかったフロント・ガラスの大きなバスに乗って、黒い森の都市・ハイデルベルクに向かって南下したのだった。その時の感情の流れが透明に浮かんできて、今の私の思考の傍らを追いかけ始めている。

フランクフルトは日本よりやや寒い。二〇度ほどか。夏着の体が冷える。初夏の日本の慌ただしい汗が乾いた体で、久しぶりのドイツの気配を嗅ぐ。

ドイツの人々は、青年すらも老いてみえる。この社会は静かに熟している。レストランで食事をとる家族も、ベンチに座る男女も、急ぎすぎた近現代に疲れている。一六年前は、もうすこしざわついていたように思う。

あれから何度か、ドイツの街を歩くことがあった。ドイツ赤軍が登場したころ、この国の緊張は再び高まっていた。もはや青白い理想には一切耳を傾けたくない、という強い拒絶の雰囲気がそこにはあった。一時の部分的な緊張を経て、今はヨーロッパの環境汚染やEC統合といったド

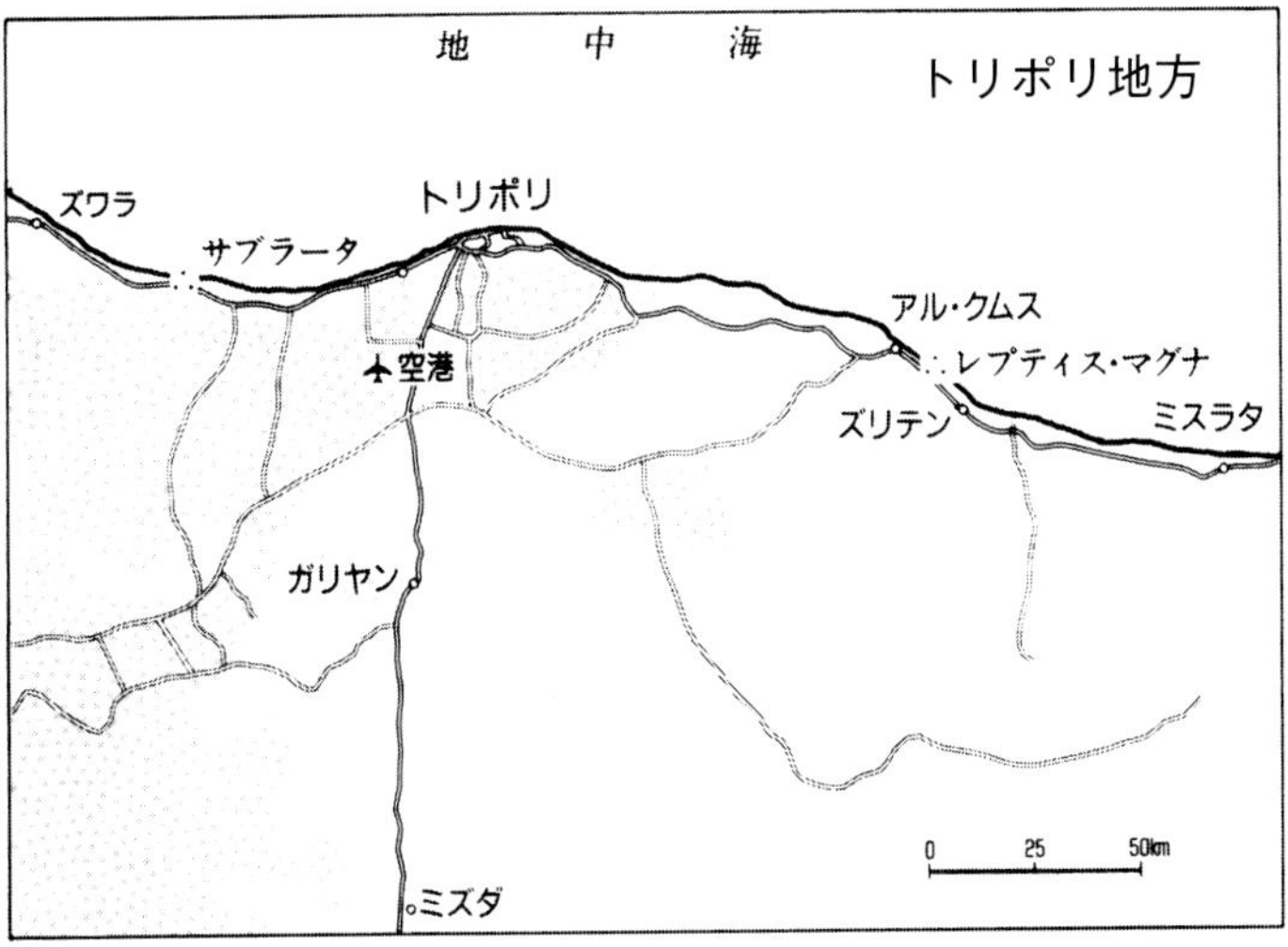

地　中　海
トリポリ地方
ズワラ
サブラータ
トリポリ
アル・クムス
空港
レプティス・マグナ
ズリテン
ミスラタ
ガリヤン
ミズダ
0
25
50km

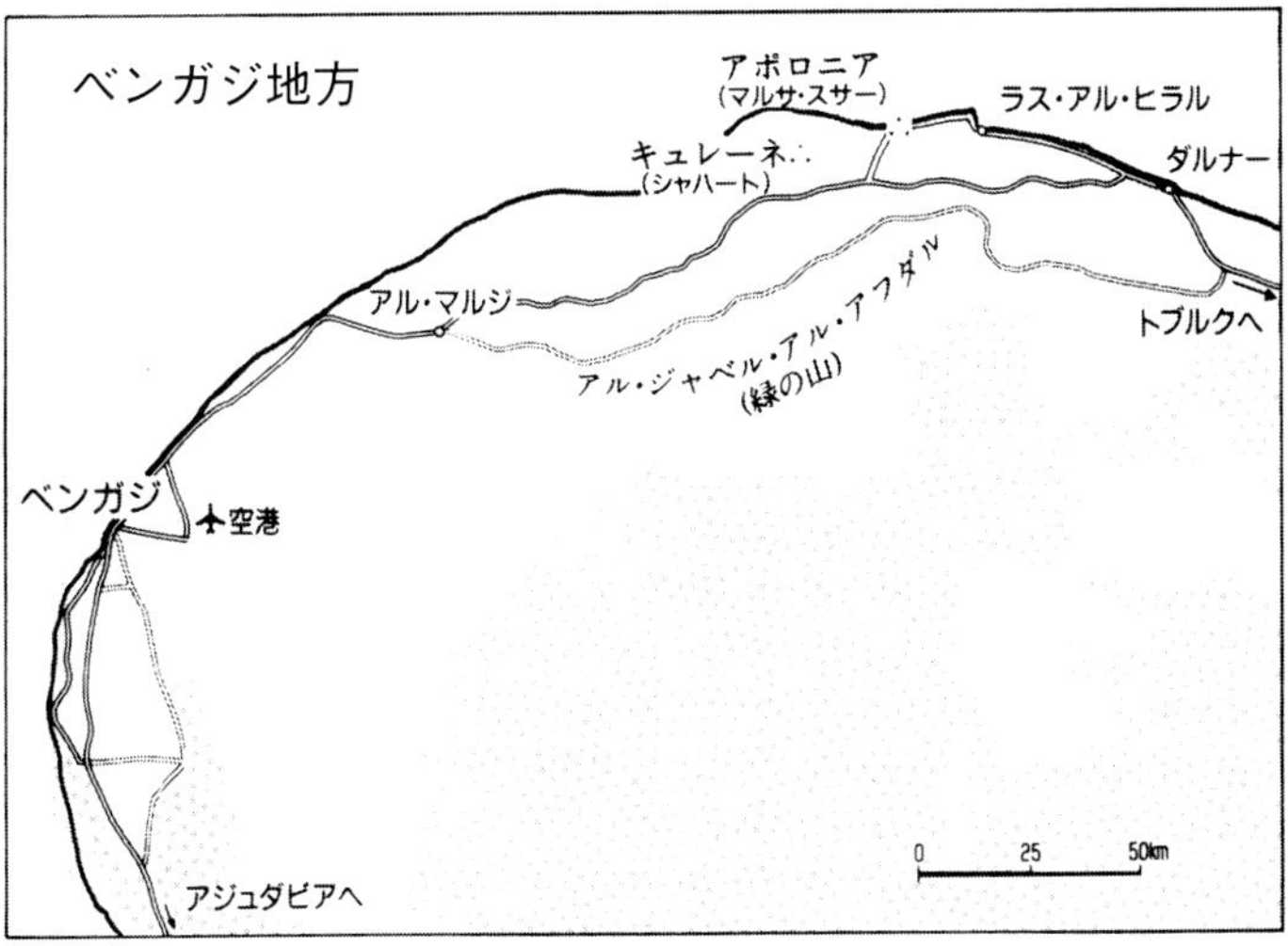

ベンガジ地方
アポロニア
(マルサ・スサー)
ラス・アル・ヒラル
キュレーネ
(シャハート)
ダルナー
アル・マルジ
トブルクへ
アル・ジャベル・アル・アフダル
(緑の山)
ベンガジ
空港
アジュダビアへ
0
25
50km

イツの生存の問題について、着実に向きあってきている。

そんな風に見ている私は、すでにドイツ社会を日本社会と同一のレベルで見ているかのようだ。かつて、ここは一つの西欧であり、学ぶべき国であった。しかし、大きな社会変化や文化変容の研究を続けてきた私にとって、この国はもはや情報産業化の現代の先端の動きからは降りてしまった国に見える。降りながら、別の成熟に向かっているようだ。

そんな差異はあるものの、同じ工業化を生き急いだ国として、ドイツと日本を同質化して考えながら、今、まさに世界史に向かって息を弾ませて駆け込んできた小さな国・リビアを旅しようとしている。

日本とヨーロッパは僅か一二時間たらずの旅程でつながり、私にとって異質さを失って見えるこのフランクフルトをステップに、トリポリに飛ぶのである。

明日の午後二時、リビア・アラブ航空一七三便でトリポリに向かうことになっている。それまで、あまりにも慌ただしかった出発前一週間の疲れをとることにしよう。

突然の招待状

三月にはカンボジアを旅行し、この夏はポル・ポト派による大量虐殺《ホロコースト》についての予備調査に、もう一度カンボジアに行こうと思っていたのに、二カ月もしないで、どうしてリビアに行こうとしているのか。

アジアのモンスーン地帯から、北アフリカの砂漠へ。インドシナの極貧の国から、豊かな産油国へ。東南アジアの紛争地から、中東の激動地へ。それにしても変更がひどすぎるのではないか。

五月三一日、日本リビア友好協会の生沼曹喜さんより電話があった。いきなり、「六月一〇日にトリポリに行かないか。すぐ返事をほしい」と言われた。

ムアンマル・カダフィ大佐が、アメリカ流の人権ではなく、帝国主義と植民地主義に虐げられた人々の解放を人権の視点から評価する「カダフィ人権賞」をもうけることになった。リビア人民局（大使館にあたる。人民と人民の直接交流を主張するリビアは、国家の代理としての大使館という名称を否定し、それぞれの国に住むリビア人民の事務所の意味で人民局と呼んでいる。同じ考えで、大使も人民の意見を記録する書記と呼ぶ）より招待があったので、人権賞の会議に日本リビア友好協会の代表として出席してほしい、というのである。

「休みがとれるかどうか、関係者に電話してみます。一〇分ほど時間をください」といって、受話器を置いた。

八分ほどたっただろうか、一〇分にならないうちに再び電話があり、大学の授業のこと、予定の原稿のこと、約束している講演のこと、甥の結婚式のこと……を考え倦む間もなく、返事を迫られた。

リビアに入れる機会はなかなかない。前もって準備しても難しい。それが、何かの拍子に、急に入れることがある。逆に、入国許可になっていたのに、突然拒否されたりする、と以前から聞いていた。これから何が起こるかわからない。出発までで も、何が起こるかわからない。ともかく、「行く」ことに決めたのだった。

それからが大変である。「さあ、どうしよう」と腕を組む間もなく、再び事務所より電話があり、「パスポート番号を教えてください。それから助手一名の同行が認められていますので、その方の名前とパスポート番号を」と催促する。

たまたま私は手帳にパスポート番号を控えていたので、なんとか答えられたが、出先にこんな電話があって、急に答えられる人がどれだけいるだろうか。とても助手は決めかねて、明朝まで待ってほしいとお願いした。

「在日リビア人民局より、今日中に代表と助手のパスポート番号を求められている。あなたの名前を届けて、助手は明朝まで待ってもらいましょう」と、一応はなった。

戦略としてのカダフィ幻想

こうして、私の時間の硬度や色あいが再び変わってしまった。リビア的性急さと緩慢さの混合する、一方的な時間に巻き込まれ始めたのである。毎日忙しい生活を送っているのだが、その上にさらに特殊な時間が渦を巻いて動き出した。

予定の会議や講義を断り、どうしても遅らすことのできない原稿に向かう。リビアについて、すこしは調べ直したい。それが出来ない。そう思いながら、助手の人選、旅行に向けてのスケジュール調整をしないといけない。頭のなかが緊張のあまり、パリパリとひび割れしそうだ。

リビアについては、一九八六年四月一五日、アメリカがトリポリとベンガジの二大都市を空爆し、カダフィの宿舎や基地を攻撃したとき、たまたま外交に詳しいジャーナリストに、こんなことを話したことがあった。

「民族の英雄といわれる者は、その強固な信念と攻撃性において、ほとんどが異常人格者であろう。民族と民族、文明と文明が衝突しあうところには、多くの異常な人がでる。カダフィもまた、エジプト（一九七四年四月の新聞論説以降、とりわけ七六年七月のサダト大統領の『リビアの狂人』演説以降）、およびアメリカのレーガン政権によって、狂人と呼ばれている。

しかし、私たちはいつのまにか、米ソ二国による世界解釈だけしかないと思いこんでしまい、二つの世界観の対決や駆け引きとしてしか現代を見ることができなくなっているのではないか。カダフィを狂人というのなら、いわば世界はレーガンとゴルバチョフの二人の華やかな狂人しか認めなくなっていることになる。

個人の無意識の分析が人間精神の理解に不可欠なように、その民族や国家が意識しているものの如何にかかわらず、民族や国家の意識の裏にあるものを、理解していく必要があると思う」

そんなことを喋ったために、櫻内義雄事務所の方を紹介され、リビア旅行をする気があるかどうか、問われたのだった。

元外務大臣の櫻内氏（自民党）は日本リビア友好協会の会長であり、アメリカによる爆撃の前、一九八五年のリビア革命記念日（九月一日）に総勢五七人の大型経済ミッションの代表として、彼の国を訪れている。この時は柿沢弘治（自民党）、高沢寅男（社会党）、草川昭三（公明党）、秦豊（社民連）の政党をこえた議員と、大手の企業数社の代表が参加している。そして「友好推進に関する合意書」がかわされ、経済協力や文化交流の取り決めが行なわれたが、翌年の米－リビア戦争ですべてが中断となったのである。

リビアとアメリカの関係は、一九七九年一二月のイラン革命を支持する学生と市民の米大使館焼き打ち以降、悪化の一途をたどってきた。

翌八〇年四月、カダフィが海外亡命リビア人の暗殺声明を出し、ロンドン、ローマ、アテネで亡命リビア人の暗殺テロ事件が頻発。暗殺計画にリビア大使館員がかかわっているとして、五月、アメリカは在米リビア大使館員四人の国外退去を命令した。

八一年一月にはレーガン政権が誕生し、いわゆる「カウボーイとベドウィンの闘い」と揶揄《やゆ》された対決は、相互の力の誇示によって急速に悪化した。同年五月、両国は国交断絶。八月には、首都トリポリと第二都市ベンガジをはさむシドラ湾上で米海軍は演習を行ない、リビア空軍機二機を撃墜した。

この日、執務室に登場したレーガンは上機嫌で、「西部劇の決闘場面よろしく、二挺拳銃の速射ちの型を演じてみせた」といわれている（ボブ・ウッドワード『ヴェール――CIAの極秘戦略1981−1987』）。

八一年夏以降、「ニューズ・ウィーク」や「ニューヨーク・タイムズ」、「ワシントン・ポスト」などの米マスコミは、何度となくCIAによるカダフィ暗殺計画を暴露報道した。

たとえば、八一年七月二七日、「ニューズ・ウィーク」はCIAによるリビア政権転覆計画を暴露。八月二三日も同様。八月二九日、同誌、CIAによるカダフィ毒殺計画と政権転覆計画を暴露。しばらく、この種の報道が途絶えた後、八五年一一月、「ワシントン・ポスト」、CIAによるカダフィ政権転覆工作を暴露、と続く。

どこまで具体的に暗殺計画が練られていたかは不明であるが、レーガンを首長とするアメリカ集団は、カダフィにいつ、世界最大の暗殺組織に支援されたグループから殺されるかしれないという、不安を煽る心理戦をしかけていたことだけは確かである。

別の方向の心理戦も行なわれている。八一年の一二月四日に「ニューヨーク・タイムズ」は、レーガンあるいは政府高官の暗殺を目的としたリビア刺客団五人がアメリカに入国と報じた。これに対し一二月六日、カダフィは米ABCテレビのインタビューで「証拠を出せ」と反撃。翌日、レーガンは「証拠を摑んでいる」とテレビで述べ、リビアへの報復の警告を発した。さらに、リビア在住のアメリカ人一五〇〇人の国外退去とリビアに向かうアメリカ人の旅券の停止を命じている。

ところが、後日この「被暗殺計画」は、信頼性に疑問のある情報捏造者によるものであり、この種の情報にアメリカの関心が高いため、情報通の売った情報がさらに次の情報を産んだ、ということになった。

この文脈では、レーガン政権の殺意が外に投影されて、大西洋のかなたのカダフィの幻影に殺意——実はアメリカの持つ世界をテロによってでも保持したいという攻撃性の別の姿であったわけだが——を見たことになる。

このような心理メカニズムを、M・クライン派の精神分析学では「投影的同一視（Projective Identification）」と呼んでいる。たとえば、乳児は愛情への不満を憎悪に変え、母の乳房のなかに部分的に「悪い乳房」を見てしまう。この児は乳房（良い乳房）を吸いながら、同時に攻撃的に噛んでしまうのである。それは、自己自身の切り裂かれた悪の部分が、自分自身ではなく相手の体内に幻想的に導入されている。

しかも、リビアの敵意はレーガン個人が求めた幻想というより、アメリカ人全体が求めた幻想であった。カーターの弱いアメリカからレーガンの強いアメリカへ、アメリカの自己像の変更のために、攻撃心の鼓舞と異端者への憎悪を必要としたのである。それゆえに、その後、米マスコミはレーガン暗殺計画の出どころを追及せず、虚偽であったとの訂正報道もしなかった。結局、アメリカ人の意識のなかに先の報道は、「さもありなん」という殺意の確認として沈澱していったのである。

その後は、主として米第六艦隊によるシドラ湾沖での軍事威圧を加えていった。そして、八五年一二月二七日、ローマ、ウィーン両国際空港のイスラエル航空カウンターで同時テロが起き、アメリカ人を含む一八人が死亡。このテロもパレスチナ急進派（アブ・ニダル）による襲撃であったが、アメリカは背後でリビアが関与しているといち早く非難した。

翌八六年一月早々より、米第六艦隊はリビア沖で軍事演習を毎月繰り返す。また、二月にはイスラエルがリビア民間機を強制着陸させている。

ついに、三月二四日、米艦船はシドラ湾に侵攻。リビアは米軍機にミサイルを発射。アメリカ側はリビア哨戒艇を撃沈、ミサイル基地も破壊。

続いて四月五日の午前一時四九分、西ベルリンのディスコ「ラ・ベル」が爆破され、米兵一人とトルコ女性一人が死亡し、アメリカ兵五〇人あまりを含めて二三〇人が重軽傷を負った。

このディスコはアメリカ軍人（ほとんど黒人兵）の溜り場としてよく知られていた。アメリカは事件の直前に、東ベルリンにあるリビア人民局より、トリポリ宛の「作戦進行中」、「結果は喜んでもらえる」というメッセージを傍受、これが事件のリビア指令の動かぬ証拠と断定した。（ただし、「計画」といわれたものが、ディスコ爆破であったことを示す証拠は何もなかった。）

いよいよ四月一五日午前二時、ベトナム戦以後最大の爆撃とされる空爆を、トリポリとベンガジに加えた。トリポリの爆撃地四カ所のなかには、カダフィの宿舎も含まれていた。しかもこの爆撃計画は、デマでしかなかった「リビアによるアメリカ政府高官暗殺」への報復計画として、すでに八一年一一月末以来、練り上げられてきたものであった。

カダフィの本営爆撃は米軍のハイテクノロジーを見せつけるものであったとされているが、実際は「二千ポンドのレーダー誘導弾四発を抱いたF－111戦闘機九機が、三二発以上の爆弾を投下したのだが、命中したのは多く見積もって四発」といわれている。（なお、五月六日、西ドイツの治安当局は、ディスコ爆破テロで逮捕したヨルダン人が、事件は東ベルリンのシリア大使館が計画したものと自供した、と伝えていた。）

その後も、シドラ湾での米軍演習、対するカダフィの「決死の反撃」というアジテーション、さらにアメリカによるリビアのテロ支援非難と、対決は続いている。

アメリカ的世界観による国際関係とは

実はレーガン政権のマスコミを使った対カダフィ心理情報作戦がいかなるものであったか、その一端は八六年一〇月二日の「ワシントン・ポスト」の一面トップで暴露されている。

レーガン政権の秘密工作を一貫して追っていたボブ・ウッドワード記者（一九七四年に同僚カール・バーンスタインと共にウォーターゲート事件を追った『大統領の陰謀 “ALL THE PRESIDENT'S MEN”』を

著わし、ニクソン大統領を退陣に追い込んだ記者）は、二カ月前の八月一四日、レーガン大統領、ポインデクスター補佐官（国家安全保障担当）、シュルツ（国務長官）、ワインバーガー（国防長官）らが出席してホワイトハウスで開いた秘密工作会議の様子を次のように伝える。

それは、「リビア国内の反カダフィ派が、急速に勢力を強め、カダフィ大佐は信頼していた部下にも裏切られる。同時に、アメリカの再度の爆撃が迫りつつある」という被害妄想を強めさせて、カダフィを精神不安定に陥れるため、「リビアが近くテロを計画し、アメリカは再度の軍事行動の準備を進めている」とのニセ情報を流そう、というものであった。その後、八月二五日、まず「ウォールストリート・ジャーナル」紙が作戦内容どおりの記事を「特ダネ」として流し、各紙やテレビ放送が追ったという。

レーガンはこのトップ記事を書いたウッドワード記者を内部告発者と非難したが、一〇月八日には米国務省の首席報道官カルプが、ニセ情報作戦に利用されたことに抗議して辞任した。

ニセ情報作戦、暗号名「ＶＥＩＬ」――「カダフィにテロ活動への関与を思い止まらせ、政権交替を促し、リビアにおけるソヴィエトの権益を最小限度に抑えること」を工作目的とした（傍点は筆者）――その作戦会議で次のような会話がかわされたと、ウッドワードは書き記している。

カダフィの服飾に対する奇矯な好みをからかって、レーガンは言った。「カダフィをサンフランシスコへ招待してはどうかね。なにしろ洒落好みだそうだから」

シュルツが合の手を入れた「エイズをうつしてやりゃいい」

一同は声を立てて笑い、レーガンがうなずいて、政策は決定された。

ウッドワードは、ノンフィクションという名称のフィクションを書く記者ではない。彼の文章が想像を混ぜて書かれているとは思えない。私たちはこの会話場面から、いかなるアメリカ的「正義」を読み取ればいいのだろうか。

また、レーガンが大統領になって後の一連の米―リビア関係をどう解釈すればいいのだろうか。

ここにあるのは、自分の世界認識を固定し、小国の反抗や異質な文化の異議申し立てを一切理解しようとしない構えである。

カダフィ政権の安定度やカダフィの精神状態の分析は詳しくとも、その分析はもっぱらアメリカ的世界観に組み入れるためのものでしかない。理解のための分析ではない。

シドラ湾のミスラタ沖での米海軍演習による度重なる威圧、カダフィ暗殺計画およびその日常的なリークによる不安の誘導。それに対するカダフィの過激な報復発言（および、ある程度のテロ支援も含まれるかもしれない）。この繰り返しである。相手を不安にさせておいて、想像を絶する圧倒的な暴力によって意識喪失に到らしめる、こんな国際関係に何の意味があるのだろうか。

アメリカは常に、アメリカよりやや弱い邪悪を求めているようだ。マークされたものは弱いがゆえに、身がまえればますます邪悪になり、結局はアメリカの正義に敗北することに、前もって運命づけられている。こう考えると、リビアもカダフィもアメリカの外にあるものではなく、アメリカの心の一部にしかすぎないといえる。競争社会の矛盾、他の文化を滅ぼして植民した文化の罪悪感、少数民族や難民を受け入れ続けねばならない葛藤、つまりこれらアメリカ的健康さの裏にある怒りが地中海に像を結んで、リビアとカダフィの映像になっている。

それに対して、リビアは「レーガン政権はグレナダ、ニカラグア、リビアといった小国ばかり選んでいじめる。これが世界中から嫌われる理由」（リビア空爆後の八六年四月一八日、国連緊急安保理事会でのリビア大使発言）と述べながら、一方では、被爆一週間後の四月二二日、それまでの「社会主義人民リビア・アラブ・ジャマヒリア」という国名に「大」（英訳でGREAT）を冠し、「大社会主義人民リビア・アラブ・ジャマヒリア」に変えると宣言している。カダフィ大佐が「多くの人々の要望に応えたもの」とテレビ会見で発表したのであった。まるで「大日本帝国」の旧国名の命名法が地球の反対側で再現されたかのようだ。

だが、ここにも、「世界最大の国アメリカにこれほどまでに叩かれる国もまた、偉大にちがいない」という「取り入れ（Introjection）」の心理機制がみられる。

取り入れとは、相手のもつ特質を外から自分の内へ幻想的に移すことである。しかし、自分が相手から愛されることによって、自分の内にやさしさや信頼性を見いだすタイプの取り入れとちがって、激しい攻撃に耐えることによって自分の内に偉大さを見いだすというのは、あまりにも悲しい。しかも、この悲しさはリビアだけの悲しさではない。私たち自身が今日の国際関係から受けとり、逃れられない悲しさである。

「国際的ラベリング」批判

私はアメリカ-リビアの関係――繰り返される「投影的同一視」と「取り入れ」の対関係を読み解いていると、ふとS・フロイトの古い論文を思い出した。

> 判断機能は本質的にいって二つの決定を下さなければならない。それは、ある事物にある性質を承認したり、否認したりするのと、ある表象の現実性を承認したり、否定したりするという決定である。決定の下されるべき性質は、元来良いか悪いか、有用か有害かといった類のものだったのであろう。それを最古の口唇欲動の言葉を借りて表現すれば、「私はそれを食べようか、それとも吐き出そうか」ということになる……根源的な快感自我は、他の所で論じておいたように、いいものはすべて自分の中へ取り入れ、悪いものはことごとく外に排除しようとする。悪いもの・自我にとって未知のもの・外にあるものは、快感自我にとってはさしあたっては同じものなのである（「否定」『フロイト著作集3』三五九頁、人文書院、原著は一九二五年、傍点は筆者）。

フロイトは、投影と取り入れの関係を古い口唇の欲動のレベルで表現した。口唇によって、いいものはすべて自分の中へ取り入れ、悪いものはことごとく外に排除する、と。

大西洋をはさんでアメリカとリビアが、新世界と旧世界が、キリスト教的近代とイスラーム的中世が、舌なめずりし、嚙みつき、歯ぎしりし、吐きだし、飲み込み合いの競争をしているかのようだ。もちろんこんな場合、私は、より多くの情報を集めて世界に秩序を提起する側が、自分たちの世界認識をいったん置いて、相手を理解する努力をしてほしいと思う。

しかし、第二次大戦以後、とりわけ情報伝達のスピードが速くなった一九七〇年代以降、世界の解釈は米ソの二つしかないかのようになっている。私たちもまた、この地球にレーガンとゴルバチョフの二人の想念しか、二人の世界観しかないかのように思いこんでいたのではなかったか。

こんな時、劣位に置かれた民族が、その民族の永年のコンプレックスをバネに反撃の思想を構築する。カリスマ性を持ったひとりの強靱な男の人格を借りて、米ソほどの範囲の広がりはないが、民族の屈折した心情を思想の言葉に置き換え始める。

多くの事例で、彼は傷つきやすく過敏である。その過敏さゆえに、民族の屈辱を自らの個人的体験として感じている。そして、米ソの秩序に同調しながら、そのどちらかに加担し、あるいは両体制を揺れ動きながら歩む母国の体制に怒りをいだく。自らの社会に誇るべきものはなかったのか、と問いかける。

こうして古い民族の文化が理想化され、結晶化されて、植民地宗主国の文明や文化に対置される。しかも、それは初めから近代ヨーロッパ文明に対抗するためのものであるから、古く、輪郭のはっきりしない――つまり、想像によって絶えざる理想化が可能な、予言者の時代が選ばれる。結晶化が硬質であればあるほど、そして外来の文化への攻撃が激しければ激しいほど、彼の思想は特異とみなされる。

それが一つの政治的力となり、さらに国際政治にある種の波紋を起こすようになると、米ソに二分された世界の秩序の側は、彼を「狂人」と呼びたくなる。つまり、安定した米ソの二大世界観は、彼の思想の形成過程をまったく理解できなくなる。

私はこのような、小さな民族国家のカリスマを「狂人」として片づける方法を、「国際的ラベリング」と考える。既成の世界秩序は、彼に「狂人」という生物学的ラベルを貼ることによって、もう一度世界を固定化しようとするのである。そして、彼は世界への入口を閉ざされる。もし私たちが、このような思考回路しか選べないとしたら、カリスマを求めざるをえなかった社会そのものは永遠に理解されず、人類の文化にいかなる寄与もできないということになってしまう。

アメリカや西側のマスコミのように、カダフィを「狂人」や「睡眠薬中毒者」としてラベルしてはならない。

彼とリビアの人々の心理的こだわりはどこにあるのか。そのコンプレックスはどのような思考の道筋を持っているのか。彼らの思想と米ソの世界観をつなぐ言葉はあるのか。

そう思って、レーガンが声高にカダフィを「狂人」と呼んだ日に、私はリビアに旅しようと思いついたのだった。

アメリカは、世界の富や解釈のしかたを既得権や既成秩序という主張の下に管理している。しかし、貧しく、混乱した地域に住む人々、とりわけそこから出てくる反発力を持った若いエリートたちにとって、既得権、既成秩序という言葉ほど我慢ならないものはない。すくすくと豊かさのなかで育ち、生き、老いている人々に、先進ヨーロッパ文明に反発しながら、自らの到達すべき目標が先進ヨーロッパ文明の物質水準でしか想像できないという、複雑な心理を理解するのは困難である。私はその心情と矛盾を、リビアの社会の現状のなかで、そのまま理解したいと考えたのだった。

辛い旅の序奏

こんな視点から、日本リビア友好協会を通じ、リビア旅行の希望を伝えたまま、私も忘れてしまっていた。

一年たち、二年たち、一九八八年三月、リビア日本友好協会のダウ・テーバー氏（トリポリのアル・ファーテハ大学図書館長）がリビアの文化使節として来日したとき、東京での会合に招かれた。その時に再度、調査の趣意書を提出したものの、再び連絡はなく、私は別の調査に追われ、いつしかリビア旅行はあきらめていた。

そこに、突然の招待である。現実感がないままに慌ただしい時間がすぎていった。

出発は六月五日か六日と言われ、これではどうしようもないと思っていた。翌日の六月一日、東京に行き、講演をすることになっていたが、そこに電話があり、リビア人民局の代理書記（大使）ハーディ氏に会うよう指示される。

渋谷区代官山にあるリビア人民局は高いコンクリートの壁に囲まれ、容易に人を近づけない。鞄をチェックされたうえ、中庭を通って建物に入ると、受付のアルコーブ（玄関）に「世界人類が平和でありますように」という日本の保守系団体のポールが立っているのに驚いてしまった。リビア人民局は日本リビア友好協会のみならず、いろいろな団体や活動家とつながりを持とうとしている、と聞いていた。こんな形で、意外な結びつきがあるのだな……と思っていると、ハーディ氏が現われ、

「招待するのは、世界の抑圧された人々の人権についての会議。出席して、ぜひ発言してほしい。また、カダフィ人権賞をもうけるので、式典に出席してほしい」

とのことだった。ビザは一カ月期間で出す、という。カダフィ人権賞の内容がよくわからないまま、急いで講演会場にとって返したが、やはり講演は四〇分も遅れてしまった。

さらに急がされ、なんとか職場の許可がとれて有効パスポートを持っているジャーナリストを

助手として届け出た。新聞記者はこれまで入国が難しいと聞いていたので、新聞記者でもかまわないことを確認した上での、申請だった。

ところが、それが五日の朝になって、「出発は航空券購入の関係でもうすこし遅れる」という連絡と共に「今回はジャーナリストは止めてもらう。あなたひとりで行ってほしい」と伝えられた。一瞬、もう旅行は止めようか、これ以上無茶なことを言われ、振り回され続けるのは御免だという気になった。

いささか怒って、リビア人民局に電話すると、「私たちも困っている。本国からの招待の数が足らない」と答える。私はムッとして受話器を置いた。

実は、この出発のどさくさは、これからの辛い旅の予告にしかすぎなかったのである。

こうして、振り回され続け、出発の日時も不明なまま、日常の実務の処理に追われた後、いよいよ六月八日の午後、成田を発った。

第二章　トリポリの強いられた退屈

すべてが新しく見える町

私は今、機上にある。空は初夏の澄んだ明るさで輝いている。フランクフルトをへて、リビア航空でトリポリに入る。地中海も南に飛ぶにしたがって、深い青に変わっていく。

私は中東研究の専門家でもなく、アラビア語もわからないが、二〇世紀末の地中海、北アフリカのマグレブ地方（北西アフリカ諸国）、そしてアラブという、様々な政治、文化の混ざりあいのなかで生きるとはどういうことか、この身をそこに置いて考えたいと思っている。

午後六時すぎ、スチュワードから入国カードを渡されるが、すべてアラビア文字なので何のことかわからない。名前をどこに書くのか、姓はどこかも不明である。リビア政府のアラブ中心主義は徹底している。日本のパスポートはアラビア語で書かれていないので、リビアのビザをもらうために、外務省でアラビア語で書いたスタンプを押してもらわねばならない。私は招待だったのでその必要はなかったが、商社の人は苦しめられるという。同じ当惑が、これからも続くのであろう。後ろの席に英語のできる男がいて、なんとか教えてもらって書いた。数字のみ、今朝おぼえたアラビア文字で書く。

入国カードにどぎまぎしていて、ふと飛行機の窓の外を見ると、茶褐色に乾いた土とくすんだ緑の木々が、アラブの男の髪の毛のようにもこもこと盛り上がって広がっていた。コンクリート・ブロック造りの家は新しい。いかにも国家形成の途上にあるといった整然とした畑や道が延びている。政治的変化が激しすぎて時間の澱がつかないのか、それとも砂漠の永遠の時間に向かいあっている人間の行為は常に現在でしかないのか、すべてが新しく見える。

トリポリ空港は比較的大きく、思ったよりもよく整っている。アメリカが経済封鎖を行なっているので、空港はもっと荒れているのかと思っていた。

「日本の代表か」と言って私服の男たちに迎えられ、入国審査も税関検査もなく、そのまま通された貴賓室には、マダガスカル、イギリス、カナリア諸島……といった各国の代表が待っていた。文部大臣、革命家、大学教授など様々である。

政府の報道機関による写真撮影につきあわされた後、空港の外に案内された。厳重な禁酒国で、税関検査は非常に厳しいと聞いていたが、招待のためか、いかなる関門も経ることなく、出迎えで混乱する空港玄関から一歩踏み出し、リビアの空気を大きく吸い込んだ。外は思ったより

ホテル・アル・カビールから見る海岸道路とトリポリの街。給水で大きくなったヤシの並木が美しい。

涼しい。ポケットの温度計は三三度をさしていた。

空港から都心へ、ユーカリ、アカシア、夾竹桃、その他乾燥熱帯の単調な緑が植え込まれた直線の道を走る。

街燈は極めて高く空に林立し、規則正しく桃色の燈をともしていた。明るく奥行きのある夕暮れの空を、細長く茸のように伸びた街燈が、いっそう高くしている。一九年前、サウジアラビアのダーランの病院を訪ねたときも同じ風景を走った。舗装道路も街燈も、石油収入が造ったものである。それは、砂漠の石油が毛細管現象でそのまま地上に浮き上がり、ぼんやりと赤い不思議な光を発しているように見える。

車は海岸沿いの道を通って、「緑の広場」の近く、トリポリ湾に向きあったグランド・

トリポリのイタリア風の旧い建物。「緑の広場」から。

ホテル（ホテル・アル・カビール）に入った。

　各国の代表でごったがえすロビーで一時間ほど待たされた後、なんとか部屋の鍵をうけとった。だが、誰が私の案内をしてくれるのか、明日からの会議はどうなるのか、一切連絡がない。どこにも掲示が出ていない。

　フロントの反対側の小部屋がカダフィ人権賞の事務局だというので、入っていくと、乱雑に積み上げられた書類を脇に押しやって、男たちが五、六人座っている。明日からの会議の予定を尋ねると、逆に、「予定とは何か？」と怪訝な顔を返された。なんということだろう。やっと、「八時すぎにバスが出る」とだけ聞き出した。だが、どこに行くのか、何が開かれるのかは不明である。

　やむなく、明日は早そうだから、夜食でもとって休もうかと、二階の大レストランに入っていくと、食事も喫茶も常時無料サービスになっていた。いかなる説明もなかったが、温かい食事が用意されていた。会議については不明だが、御馳走は存分に食べてもらう、こんなことが彼らの無言の歓待のようだ。一〇時すぎの遅い夕食は、イタリア風の美味しい料理だった。

（後日聞いた話では、政府の会議があるとなると、ホテルに滞在している客はすべて追い出され、部屋数の有無にほとんど無関係に、予約も取り消しになる。トリポリには三つしかホテルはなく、その上に突然解約されるので、商社員や外交官は大変苦しめられるとのことである。）

待つことがすべて、インシャラー

六月一〇日、疲れていたのか七時すぎまで眠り、明るいトリポリ港の陽光で目が覚めた。急いで下におり、朝食をとる。リビアは一九一一年から第二次大戦末まで、イタリアの植民地であった。ホテルの朝食もまた大陸風の、パンとチーズ、コーヒーの簡単なものである。ただ、リビアのほとんどの地下水は塩分を含んでいる。トリポリの水もまた塩辛く、コーヒーに塩と砂糖がとけて、美味しさもほどほどといった奇妙な味となっていた。

朝食の後から、いよいよリビア式スケジュールが始まった。

一切の案内はない。何度かロビーの隅の委員会室に足を運んで、やっとプログラム案、なるものをもらった。もらったというより、渡したがらないプログラム案をむしり取った。委員会室といっても、机だけでほとんど書類がなく、やっと職員の持っていた紙を手にしたのである。世界中

整備されたトリポリ港。

から代表を呼んでおきながら、いまだに案しかない。その案によれば、九時から会議が始まることになっているが、すでに時刻はすぎ、いっこうに開会の気配はない。ロビーに座っていないと情報は入らないとのことで、うんざりしながらロビーですごし、時間がたって、しかたなく昼食をとる。

マダガスカルの大臣や、エジプトのナセル主義派の老闘士に、「会議は本当にあるのか、無いのか」と尋ねてみるが、笑いながら肩をすくめる。まるで「お前はリビアをよく知らないな、これがリビアよ」と言われているような謎の笑いが返ってくる。ロイター通信の記者は「待つことがすべて」とつぶやくのだった。

昼食もカフェテリア形式で、イタリア風の料理だった。デザートには決まって西瓜と小さな杏《あんず》。それと、甘いシロップをかけたケーキ。

禁酒の国なので、赤いシロップをとかした飲み物が出る。塩・砂糖入りのコーヒーにまだ慣れぬ私は、アラブの骨太の男たちが舐める赤い液を試みてみたが、その甘さに舌がけだるくなってしまった。かわりに、コーヒーにミルクを多くいれて塩味を消したり、いろいろと試してみる。ふと、水遊びをしている自分に気づいた。

会議出席という行動が保留させられて、わずか半日にして小児的に退行し始めている。リビアとは何か、考えようとして入国した私はどこに行ったのか。いやいや、「待たされる」ということに、この国の人々の精神の所在があるのかもしれない。何を待つのか。西洋の没落か。アラブの統一か。アラブ人がいう「インシャラー」(アラーの神のなすままに)の気分が、テーブルにこぼした赤い液と、コーヒーと、ミルクの混ざりあいから分かってくるような気がした。私の退行した行動にも、分析の糸口があるように思える。

お腹が一杯になったところでロビーに降りていくと、「宴会につれていくので、バスに乗れ」ときた。それも、全員に案内があるわけではない。掲示されるのでもなければ、放送があるわけでもない。ただ、委員会の入口で顔見知りになった男が、耳元で小声で囁いてくれるにすぎない。これがカダフィの提唱する直接民主主義だろうか。まるで砂漠のキャンプにいるようだ。

彼は、後述するリビアの革命綱領『緑の書《グリーンブック》——アル・キターブ・アル・アフダル』の中で、「民主主義は人民による統治であり、人民を代弁するものではない」、「人間は自分自身についてだけ表現の自由をもつのであり、民主主義の観点からすれば、自分以外の人間に代わって語る権利をもつべきでない」と言う。

政府側の事務局員である男は、あくまで一個人として、私に囁いてくれているのであろう。その声は、秘密ではないが、二人以上の人間に届いてはならないと決めているかのようである。

この委員会ではボスの地位がはっきりしない。責任者かどうか尋ねた上で話しかけると、彼はその用件はあの男にさせるという。その男が私と話している所に、別の者が話しかけてくると、その者と話しながら私との話を忘れて行ってしまう。そしてまたロビーの人ごみの中で、別の者に質問ないし要求、あるいは抗議されて、方向を変え、再び私のほうにもどってくるのである。すべての人は上下関係のないパートナーであるというこの国では、上から下への命令を期待してはいけない。指示を受けとった担当者ごとに、実行するかどうか、しばらく時の経過にまかせるかどうか、決めているように映る。カダフィ人権賞の委員会は、外務省、情報省などの混成である。一説によれば、各種の委員会はこうして即興的に作られ、終われば解散になるという。私は次第に、これまで経験したことのない意思決定のシステムのなかに投げ込まれつつあった。

満腹で乗ったバスは、トリポリ市の南方、動物公園に着いた。ここはユーカリの植樹された公園であり、その中のアラブ風の広間をもつ建物で、宴会となる。

すでに、先着の各国代表が座っていた。メッセージが伝わらず、来ていない人も多い。カーペットの上に座りこみ、肘当てに腕をのせて食事を摂るのである。花や野菜、銀紙で飾りつけられた子羊の丸焼きが出る。実行委員会は、それなりに精一杯のもてなしをしているのであろう。だ

カダフィ人権賞の招待昼食会。アラブ風に座りこんで、「いつ会議は始まるの」と嘆きながら。

が、何もしないで待ち続けるのはやはり辛い。そんな思いも、苦しい満腹をかかえ、乾いて明るすぎる北アフリカの陽光のなかでぼんやりしてきた。

この日は結局、六時すぎに、オマール・アル・ムフタール大通りを下った人民会議場で開会式があっただけで終わってしまった。

無駄にすごした一日の無念と、「会議は二日間なので、週明けには帰国するように」と言われたことなどを頭のなかで反芻《はんすう》する。「一カ月のビザで来ている。会議の出席だけでなく、この国を旅行する許可を在日リビア人民局でとってきている」と抗議したのだが、「招待したのはカダフィ人権賞委員会であり、人民局ではない。第一、この都市にはホテルがない。次の会議開催のために、あなたはこのホテルを出なければならない。別のホテルもない。交通手段もない」と言われたのであった。

あれほど出発にあたって振り回され、ホテルに三日間缶詰にされただけで帰されるのでは、リビアまで何をしに来たかわからない。どうしたものか、考えあぐねながら、夜のトリポリ湾を眺めていた。

カスバの花柄の老女

六月一一日。朝六時すぎ、すでに港はすっかり明るくなっていた。このままではトリポリすら見ずに帰国させられてしまう、そう思って早朝の街に出た。

ホテルのすぐ西側は「緑の広場」である。ヨーロッパの北東の外れにあるモスクワの「赤の広場」に、対抗するかのように造られたこの革命広場は、リビア人とカダフィの好む緑にアスファルトが塗られている。グローバルに見ると、ヨーロッパ民主主義を「赤の広場」と「緑の広場」が挟み、ユーラシア大陸の西側を紡錘状に包む形となっている。

広場を緑の旗が囲み、マグレブ諸国からサウジアラビアまで緑に塗りこめられた地図が立っていた。「アラブは一つ」のスローガンと共に。

かつて、四人組追放直後の北京を初めて訪れた時を思い出す。まだあの頃は、北京の空港にマルクス、レーニン、スターリン、毛沢東の巨大な肖像画がそびえ、「万国の労働者、団結せよ」

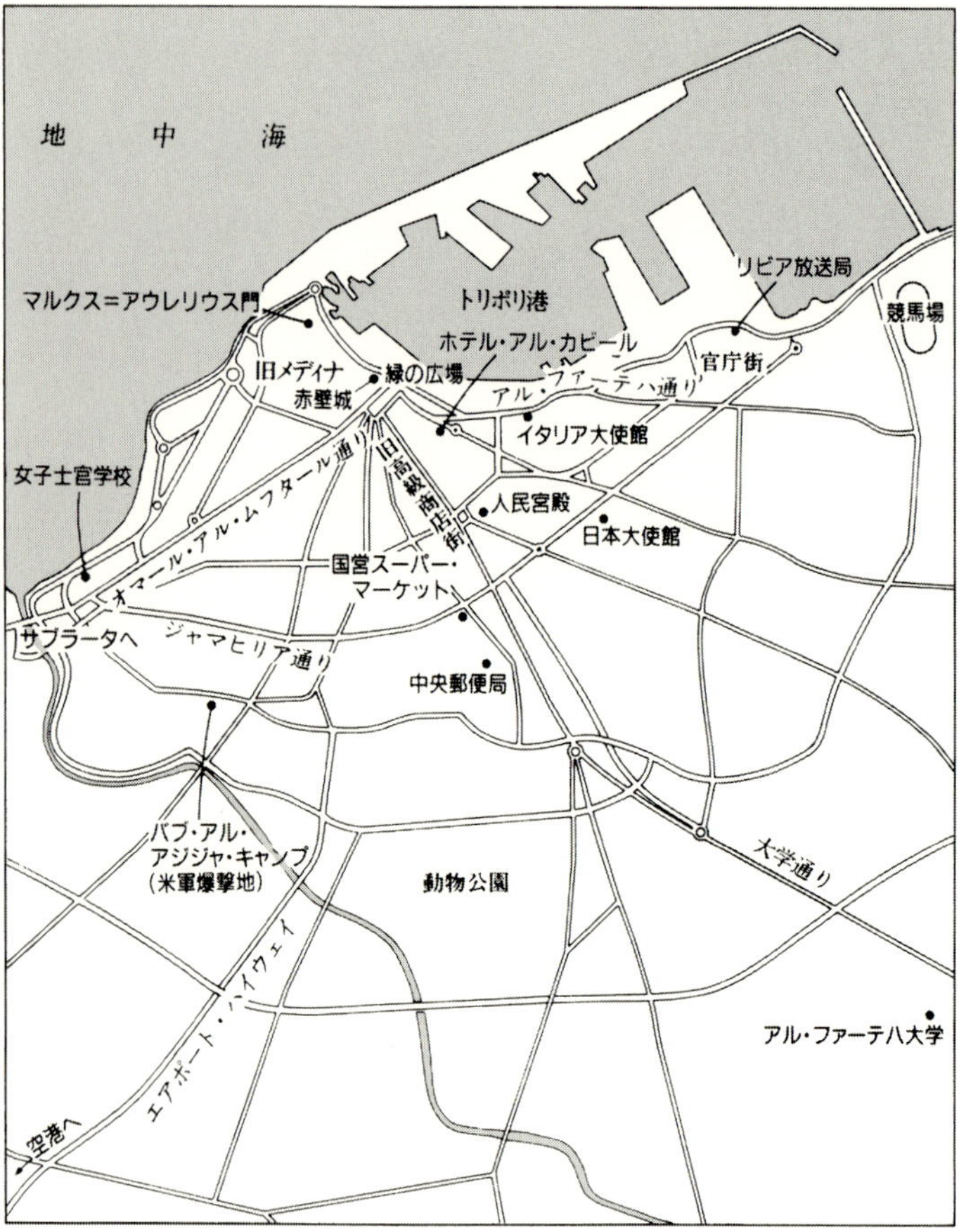
地　中　海
マルクス=アウレリウス門
トリポリ港
リビア放送局
競馬場
ホテル・アル・カビール
旧メディナ
緑の広場
赤壁城
アル・ファーテハ通り
官庁街
イタリア大使館
女子士官学校
オマール・アル・ムフタール通り
旧高級商店街
人民宮殿
日本大使館
国営スーパー・
マーケット
サブラータへ
ジャマヒリア通り
中央郵便局
バブ・アル・
アジジャ・キャンプ
(米軍爆撃地)
動物公園
大学通り
エアポート・ハイウェイ
アル・ファーテハ大学
空港へ

トリポリ市街

「アラブは一つ」と謳う「緑の広場」。

の赤い看板が風に揺れていた。そこには冷たい理想主義の緊張がみなぎっていた。北の理想主義と違い、南に位置する「緑の広場」の理想主義は、無茶苦茶だが、どこか人懐っこいところを感じる。

　早朝の緑の広場を、ゆっくりと男たちが横切っていく。私は旧オエア（トリポリの古名）の古城アッサールライア・アル・ハムラー——赤壁城の南の端の城門をくぐって、旧城下町《カスバ》に入っていった。

　かつての商店街《メディナ》はすべて扉を閉ざし、大きな錠が年月を止めている。革命二十周年の「九月一日記念日」に向けて、扉やシャッターの外枠は緑に塗られ、それが砂塵で色褪せている。人の足で丸くなった石畳、乾いた白い壁、緑の扉のパターンが、何回も何回も狭い路地に繰り返される。

廃墟となったメディナのなかにも、紛れこんで住んでいる人がいる。入り組んだ小路の片隅に果物の滓が積まれ、すえた臭いを発していた。そして、どうやって生きているのであろうか、子猫たちが滓のまわりをうろついている。やせて、虚ろに輝く眼を私に向けるのだった。

登りになった小道を抜けると、メディナのなかにちょっとした空間があった。

その一角の家の前で、すっかり腰の曲がった老婆が木切れで門前の砂を掻き上げていた。革命後に置き去りになったイタリアの女であろうか、黄色の髪を茶色のスカーフで巻き、花柄のワンピースをまとっている。その大きな花柄の布は、丁度真ん中で折れ曲がり、それだけよけいに老女はしぼんで見える。彼女はかすかに独り言を洩らしながら、黒い戸口の前の砂を何度となく掻き上げた。

「まだ、私はここに住んでいる。砂が積もって、私を埋めようとしても、なお抵抗できるわ」と、その呟きは伝わってくる。

メディナのなかは明るくなったり、アーチ形の暗い路地になったりしながら、迷路状に続いていた。人はほとんど見かけない。

一九六九年の革命の前、そして革命後の七〇年代の初めまで、このフェニキア以来の歴史をへたオエアの商店街を、人々の気だるい足音が往き来し、皺の深い奥目の主人がそれをじっと眺めていたにちがいない。

所どころ、壊された建物の一角から内部を覗きこむと、思いがけない広い空間が開き、瓦礫が

上：人気の無い旧メディナの迷路のような暗い路地。

下：旧トリポリ市街のなかにあるマルクス＝アウレリウスの凱旋門。

空を抱いていた。つい昨日、廃墟になったばかりのような中庭に初夏の陽光が躍り、毛布の切れ端とか、ポスターの一片などが、煉瓦の山のなかからこぼれていた。

いくつかの路地を曲がると、突然、開いているパン屋に出会った。枯れた老木の小さな枝に、一葉の芽が付いているかのように、パン屋はすべての停止の内で生きていた。どこからともなく男たちが現われて、パンを買っていく。黒人も混じる。パレスチナや、チャド、チュニジアから流れこんできた男たちかもしれない。

メディナの西北の外れに出ると、ローマ皇帝マルクス＝アウレリウスの凱旋門が立っている。三次にわたるポエニ戦争（最後の第三次ポエニ戦争は紀元前一四九年から一四六年）をへて、ようやくフェニキアを倒したローマ、その支配確立の記念碑である。比較的保存がよく、覆いを残し、茶色に砂焼けした大理石の門は四つの脚を広げていた。女神のレリーフは、イスラムのイコン破壊の跡であろう、すべて頭部を失っている。

私は、メディナをぬけて、沿岸沿いの道路に出た。磯では貝でもさがしているのか、三人の人影が見える。

外壁に沿って歩いていくと、新都市の奇妙な造形が広がっていた。新しい建物の下のほうの階は大きな柱のように伸び、その上にひと回り大きい階が載っている。テラスは横長の六角形にデザインされている。コンクリート造りの巨大なアミガサタケ（茸）のようだ。

この建物の群れは影を作らない。どこからも光を一杯に浴びて、白く輝いている。それを美しいと思うかどうかは、その地の人々、彼らの文化の基準による。私は旅人であり、この地の文化の上に立って、美しいとか、異様だと判断できるだけの体験をもたない。

ただ、赤壁城とメディナが古代から中世に対応し、街の中心が近代植民地の雰囲気を漂わせ、その外周の新都市が高度経済成長を希求しているのはわかる。この都市は歴史の三つの年輪をはめている。そして、影や窪みを否定した建物が、オフィスとはいえ、決して住みやすいとはいえないことだけはわかる。成長や進歩しか考えない建築家は、今なお塔や強固な城壁しかイメージできないのであろう。しかし、塔は眺めるものであっても、住むものではない。住むにはしんどそうな風景が広がっていた。

城壁の下に、ギブリ（サハラからの砂嵐）で運ばれた赤い砂が積もっていた。手に取ると、あまりの細かさに指は抵抗を失い、砂が指の間をさらさらと滑り始める。マイナス二〇度以下の微細な雪の結晶を、そのまま乾燥させたかのようだ。指の汚れを吸いとって、流れ落ちていった。

（帰国後に、サハラの砂を顕微鏡で見てみた。砂は太陽に焼かれて割れ、細長かったり、くびれていたり、無限の変形をなして光っていた。）

メディナの消費事情

私は翌日の午後、もう一度メディナを訪ねた。

もうすこし、この古いカスバに人の臭いをかぎたかった。白い衣をまとい、頭も顔も白い布〈バラカン〉でおおった女について、アハメド・パシャ・モスクの南角の城門をくぐった。

女がゆっくりと、小さくすぼめた脚を両手で持ちあげるかのように歩いている。アラブの女は、中年になると妊娠後期かと思われるほど腹が大きくなる。そのため、衰えた左右の足をゆっくりとたぐりよせて歩くようになる。外に出る機会が乏しく、それなりに豊かになり、家にいて砂糖分や脂肪の多いものを食べているためであろう。いずれにしても、この国で街を歩く女を見かけることは少ない。

かつて一九七三年六月、エジプトとの統合を求めてカイロに押しかけたカダフィ（当時の革命評議会議長）は、エジプトの女権拡張論者と激しい論議をかわしたことがあった。

カダフィは、「男女同権の思想は西側社会の思想である。女のいるべきところは家庭である、なぜなら女性は職業上ハンディキャップになる生物学的な弱点を持っているからだ」と主張した。この意見に対し、リビアとの統合が、男女同権運動を逆行させるものと恐れたエジプトのインテリ女性たちは、「女の地位が低い社会は、社会そのものが弱い」と批判したのだった。

カダフィは後年の『緑の書』で、なおも「家の主は女性である。それは、生理や妊娠を経験し、子供の面倒をみる女性にとっては、家が必要条件のひとつだからである」と繰り返し、「自然の摂理にもとづく男性の特質として、男性は強くたくましく振舞うが、それは強制されてではなく、先天的におのずとそのように振舞うことになっているだけのことである。女性が美しくやさしいのは、彼女がそうしたいと欲するからではなく、本来そのような資質をもっているからにすぎない」と書いている。

ここにある思考は、自分自身の男性としての成長を自明のものとして絶対化し、男女の役割に対する文化の強制力を理解しない、強い男のそれである。

ただし、理想主義者のカダフィは、賢い母を求めて女性の教育を重視し、職業につくことも推奨している。そのことが将来、男女の役割固定の思考を崩していくことになるだろう。だが現状は、男女の役割固定の思考が男性優位主義として社会的に機能し、女性の解放はあまり進んでいないように見える。

メディナのなかでは、昨日の早朝とちがって、いくつかの店が開いていた。

金細工をこらし、出来たものを売る店がある。その細工は衰退し、上等とはいいかねる。

布を織る店もある。男が簡素な白い衣を、杼《ひ》を通して織っている。石油経済と輸入産品に支えられた都市で、彼の織る布が経済的に成り立つとは思えない。男は布を織っているのではなく、ノスタルジーを織っているようだ。

あるいは籠を店頭に並べる店や、細長い粗末な太鼓を売る店もある。それにしても店の数は少なく、私は昔のメディナの雑踏の幻想のなかを、自分の靴音を何重にか木霊させながら歩いているかのようだ。

新しい商売の店としては、写真屋とタイプ打ちを見つけた。タイプ屋の前では、五、六人の男

上：閑散とした旧メディナで、壺や太鼓を並べる親爺。

下：旧メディナにまぎれこんで住む人は、他のアラブ圏から入ってきた人か。昔の商店街の面影はない。

がパスポートや一枚の書類を持って座っている。尋ねると、紙の大小によって違うが、一枚につき五ディナール（一ディナールは五〇〇円）ほどという。かなり高い。

日用品の店は少ない。石油価格の低下と生産減で財政が苦しく、輸入品が入ってこないこと。政策として食料品や日用品はジャマヒリア市場《スーク》（公営スーパー・マーケット）で売られることになっている。この二つの理由で、小売店の商品は乏しい。物価を知ろうと思って、主人に貧弱なポリバケツの値段をきいてみた。二ディナールもするという。

後日、ミスラタ市に行ったとき、ジャマヒリア市場に入ってみた。広場のようなスーパーは閑散として物はない。ただし、五〇キログラムの小麦の袋が積み重ねてあり、それがわずか二・一ディナールだった。肉も一キロ二ディナール。確かに安い。政府の補助金によって、この値段に抑えられている。そのため八七年末のチュニジアとの国境廃止以降、安いリビアの小麦をチュニジアに運んで売り、それで彼の地の布や缶詰を買って帰る車が多くなったという。アラブの商人魂の復活である。

しかし、いかに他の商品が高いかは、市場の二階に上がってみて、よくわかった。スーツ上下で五二ディナール、洗剤大箱が一三・五ディナール、皮靴が六・五ディナールしていた。衣類はマルタ、ユーゴなどから入ってくるという。

リビアはかつて外貨準備が五〇億ドルあったのが、一九八八年末で二九億ドルにまで減っている。消費物資の不足はなお続くのであろう。

第三章　砂漠の革命家

カダフィ人権賞

この日はようやく、一一時すぎに会議が開かれた。

カダフィ人権賞は、すでに今年四月、南アフリカの元ANC（アフリカ民族会議）議長、ネルソン・マンデラに出されることが決まっていたのである。会議らしい会議はなく、各国の参加者が自分たちの運動や主張を述べ続けた。フランスのレジスタンスの老闘士、饒舌なマニラ大学の教授、誠実なマルタの総理大臣、パナマの代表……と続く。

そんな中で、ANC代表の老いたメンディ・ムシマングの重い演説が印象的だった。それを、獄中にあるネルソン・マンデラの代理で出席した美しい娘がじっと聞いていた。

歴史が断罪したアパルトヘイト（人種隔離）という不正と闘い、しかもその闘いが大多数の民衆に支持されている者の自信と美しさを、老人とマンデラの娘の演説に感じた。

やっと開かれたカダフィ人権賞授賞式。フランス・レジスタンス闘士、エジプトのナセル主義者など、多くの革命家が集った。

いうまでもなく、ネルソン・マンデラは南アの人種差別に対する闘いを象徴する男である。彼の主張は、日本でも、野間寛二郎著『差別と叛逆の原点』のなかで翻訳、紹介されている。一九一八年に、トランスカイのテンブ族の族長の子として生まれたマンデラは、アフリカ人都市住民のために働く弁護士となり、アフリカ民族会議に参加。一九六二年八月二日、南ア警察による黒人無差別殺戮に対する防衛組織「ウムコント・ウェ・シズウェ」（民族の槍）の責任者として逮捕され、以来獄中にある。

二〇年間にわたり、ケープタウン沖の孤島ロベン島に幽閉され、南ア白人政権の不正およびその闘いを象徴する人物となった。以後、内陸の刑務所に移され、八八年より獄外の施設に拘禁されたままである。

かつてのインドのガンジーのように、マンデラは獄中にありながら、すでに将来の民主主義南アフリカを代表しているといわれてきた。その彼に、二五万ドル（三五〇〇万円）の賞金がわたされた。

カダフィ人権賞は、ノーベル平和賞が第三世界解放の目的を考慮していないので、それに対抗して創設されたという。すでにジュネーブに一千万ドルの財団を設立している。ちなみに、その賞金額は一九八九年に増額されたノーベル賞の二分の一にあたる。

カダフィ人権賞に対し、西側のマスコミは「テロリストの人権賞」と揶揄していた。例えば英紙「オブザーバー」は、英外務省のスポークスマンのコメント、「カダフィの人権賞なんて、侮辱もの。彼の記録は自国で人権を侵犯し、国際的テロを行なったことを示しており、ぞっとする」を載せている。

私もまた、カダフィが反革命勢力との闘いおよび反革命への恐怖から、容赦ない弾圧を行なってきたと思っている。しかし、革命にあたって無血革命を主張し、革命同志に徹底した禁欲を強いてきたのもカダフィである。彼の理想主義は極端から極端にゆれ、その上に革命後二〇年の国際政治でのきびしい経験が塗りこめられ、今また中東における孤立から抜け出そうとする思惑が働いているのであろう。彼の思考のこの三層の、どれに注目するかによって解釈は分かれるのである。

いずれにしても、南アの反アパルトヘイト運動を支持することは悪いことでないと思いなが

カダフィ人権賞は南アのネルソン・マンデラに渡された。ANC代表のムシマングの挨拶に聞きいるマンデラの娘。

ら、三時間の授賞式を終えた。

結局、カダフィ人権賞の式典に、カダフィは現われなかった。

想念されたリビア人

授賞式の後、グランド・ホテルにもどり、例のごとくロビーで待たされる。そうしているうちに、また、「バスが出るぞ」の囁きが届いた。

それからなお一時間、バスは出ない。どこに行くのか、何があるのかも知らされない。聞くと、「いいところ」と言う。この秘密主義に、いささか腹が立つ。

この日、六月一一日は、リビア革命から一年とたたない一九七〇年の同日、アメリカの海外最大の空軍基地であったウィーラス基地から米軍を追い出した国民の記念日である。

私たち代表団は、「もうどうでもいい」という気分になり、民族舞踊と花火につれていかれるのではないか、と噂していた。早々と、明日の帰国の準備をしている者もいる。

ところが、六時すぎ、私たちを乗せたバスは、昔の米軍ウィーラス基地、今はメアティカ空軍基地と名前を変えた当該基地に入っていったのである。

ボディ・チェックもなく、カメラを取りあげられることもなく、基地の真ん中に下ろされた。街の撮影すら禁止されているというのに、撮影についての注意もない。何という気紛れだろう。基地を歩いていくと、テント張りのステージが作られ、その前に兵士、緑の制服を着た青年、少年隊などが群れていた。

兵士のユニフォームに奇異な感じすら持つ。なぜなら軍事国家と思ってきたリビアなのに、制服を見かけることはまったくなかった。空港でもそうだった。委員会の事務局員もシャツか、ネクタイを付けずに背広を着ていた。この群衆も、制服姿の兵士より私服が多い。

人々は三千人ほどもいるだろうか。群れの外周には、ベドウィン（アラブ遊牧民）の伝統的な衣装をまとった騎兵が取り囲んでいる。騎兵の間には、サハラ砂漠の遊牧民のテント、しかも通常の夏の白テントではなく、カダフィの提唱する「グリーン革命」の色、濃い緑のテントがわざわざ張ってあった。

騎兵のほうに向かって人ごみを掻き分けていると、急に群衆がざわめいて、凝集し始めた。私も中心に引き寄せられる。

振り返るとテントのなかに、カダフィが立っていた。
私たち各国の代表が天幕のステージに駆け上がると、そこに笑いかけるカダフィ大佐がいた。
それから二時間、彼の演説が続いた。

私は何度か、彼のすぐ近くに寄り、彼の位置から聴衆を眺めてみた。何層にも、二百人、三百人のボディ・ガードがステージの周りを固めている。シャツ姿の男以外に様々な衣服をつけた者がいる。迷彩服で銃を持つ中年の女がいるかと思えば、白い衣で顔を包んだ若い女もいる。ありきたりの戦闘服の兵士もおれば、ベドウィンの服に自動小銃を肩にかけた老兵もいる。これら親衛隊の向こうに子供、少年、青年、中年、老人。そして男と女の輪。さらに海岸部の西欧的な服装から、砂漠の衣装へ。

そうだ、カダフィは、彼の心のなかで想念されたリビアとリビア人の各層に演説しようとしているのだ。そのことが、彼と同じステージの位置に立って、基地に集められた聴衆を見渡して、よく分かった。

彼は絹の——なめらかに光るので、そう見えるのだが——濃緑のジャンパーを着て、つまり、皮肉にも私には米空軍パイロットの上衣によく似た服を着ていると思えるのだが、そしてオレンジ色の奇抜なトレーニング・パンツをはいていた。ほほえむと人懐っこい。ただし、かなり疲れて見え、顔の皮膚は荒れている。威圧感はない。顎の張った両頬の縦に刻まれた深い皺に、強い意志と攻撃性を感じるが、その信念の硬さの故に他人と交流できないと言った冷たさはない。
やはり私も、アメリカやイギリスのマスコミを通して入ってくるカダフィ像に歪められていた。

アメリカのマスコミは、しばしば彼を「アラブのヒットラー」と呼んだ。それはホワイトハウスの認識にほかならなかった。

勿論私は、残虐な大量殺人者の代名詞としてヒットラーの名前を使い、それを敵対する国の元首にラベルすることは、馬鹿げたことだと思っていた。否、他国への理解を阻害するということにおいて、馬鹿げたことではすまされないとすら思っている。しかし、カダフィが強力な独裁者であり、その性格はヒットラーに似ているかもしれないという、漠然としたイメージになってはいたようだ。

かつて、ヒットラーと三〇分間にわたり面談したことのある精神科医クルツ・シュナイダー（ミュンヘン大学教授）は、同僚の教授に「私が二回目に口を出そうとして、ちょうど『しかし』とようやく言ったその途端、突如、壁土が今にも崩れ落ちて来そうな感じに襲われた」と語っている。

ヒットラーは老人性脳変性疾患で大学病院に入院していた同郷の老人を見舞った時、「老人は正常であり、精神科医こそ誤解している」と、ドイツ精神病理学の第一人者であるシュナイダーに説いたのである。シュナイダーはそれを、「鋼鉄の塊としゃべっている感じ」だったと言っている（H・ビュルガープリンツ『ある精神科医の回想』）。

つまり、教授は威圧的な印象の効果を十分に知りつくした男に対面していたのである。私もまた、幾人かの威圧的なヤクザの幹部、政治家、新興宗教の教祖に会ってきている。ヒットラーにこそ会ったことはないが、威圧的人間の表情や対人的構えがいかなるものかは知っている。

しかし、カダフィにはそれを感じなかった。彼は分裂気質の理想主義者ではあろうが、想像していた以上に感情の豊かな男に見える。

主演者は叫んだ

彼は夕暮れの基地に向かって語り始めた。彼自身の愛憎によって理想化されたリビア人に向かって、語り始めた。

ところが、そのリビア人たるや、子供は走り回り、大人は私語し、ざわめきを止めない。すさまじい独裁体制の国の元首のアジテーションと思っていたのに、意外であった。ざわめく民衆が威圧的でないカダフィをつくり、一方カダフィ自身は、いくら彼がアラブ人の偉大さを説いても失望させ続ける、気楽なリビア人をつくっていたのだろうか。

彼は地中海の空に向かって、まるで挑発するアメリカの戦闘機に対して一人戦うかのように叫ぶ。

カダフィ護衛団の服装も様々である。軍服の兵士、私服の青年、自動小銃をもった女……。

「一九年前の今日、国民の自由解放のために外国軍およびその基地をここから追い出した。我々は今、解放されている」

「南アのネルソン・マンデラは現代の偉大な人種差別解放の闘士だ」

「パレスチナの解放は我々の義務、自由と解放のための義務だ」

「外国の暴力的リビア攻撃には、リビア人民の血をもって聖なる戦いをする。アメリカのレーガン主義、帝国主義が、レバノンで、パレスチナで、同国人同士の殺し合いを強いている。我々はこのアメリカと戦って、レバノン、パレスチナの解放をめざさなければならない」

「アラブはひとつ。我々リビアはアラブのひとつ。……

カサブランカの会議で、アラブ問題解決の

ためにリビアはアラブの戦列のひとつにならなければならないと考え、戦列に参加した。これもアラブはひとつという考えによる。アラブの将来のためにも、リビアの参加が必要だ。国民が求めているのも、ひとつのアラブであり、外国勢力のために、ひとつのアラブが分断されることをアラブは許さない」

「ムバラク（エジプト大統領）との間で、リビアは国境問題で合意した。両国は反植民地主義で共闘することでも合意した。これからはエジプトとリビアの関係はすばらしくなるだろう。今のリビアの閣僚の一人は元エジプト人でもある。エジプトはリビアにとって大切な国になるだろう。ムバラクはアラブで最も有能な男の一人だ。過去のわだかまりは捨てなければならない。彼はよくやっている」

「二カ月後に、新しい体制のアラブ連盟の活動が新しい事務総長の元で始まるだろう。新しいアラブ連盟のなかで、リビアは反レーガン主義、反シオニズムについてリビアの本当の意志を表現していくことになるだろう」

「リビアとチュニジアの国交は回復された。両国は今では国境のないひとつの国である。これを全アフリカへ広げていくのがリビアの義務だ」

（アラブ語の演説を、東京新聞の通訳として来ていたカイロ在住の鈴木登氏が私の横で訳してくれたもの。）

夕暮れの空の下、にっこり笑って息をつぐ革命の指導者カダフィ。

演説は、攻撃してくる者の悪を述べ、「砂漠の力はアメリカより強い」と反撃の力を鼓舞する。リビアの使命を説き、そして「アラブはひとつ」と理想を叫ぶ。構成的な演説ではなく、ひとつの主張が説き起こされ、高揚し、結ばれるという、リフレインを何度となく繰り返すものであった。

時々、聴衆の決められた一角から、呼応する叫びとこぶしを振りあげるあおり行動がおこる。だが、そのアラブの歌に似た定型の繰り返しは、広がっていきはしない。カダフィもまた微笑を浮かべ、腕を曲げて上下にふる紋切り型の動作で、それに答える。彼の表情は活き活きと変わるが、決して基地に集められた群衆と一体化することはない。

それは、人々に進路《みち》を説く予言者のようだ。しかも、彼は笑いかける男になったり、怒れる神の仮面となったり、すばらしい名優である。

私はもう一度気づいた。カダフィは聴衆に演説をしているのではない。さまざまな衣装を着てリビア人を装う人々と共に、劇を演じているのだ。主演はカダフィであり、聴衆もまた、ギリシャ劇のコロスのように、こだまし、反語し、同意する脇役を担っている。地中海という楕円の舞台にあがって、彼らはリビアを、アラブを演じているのだ。この青い静かな演劇に適した海で、かつてフェニキアが、ローマが、そしてアラブやトルコが演じたように、カダフィ主演の『アラブはひとつ』という劇に私は立ち会っているようだった。

さらに、白い空の彼方にすでに引退したレーガンのファントムが揺らめいているのではないか。カダフィはほとんどアメリカと言わず、闘う敵はレーガンとレーガン主義とよんだ。現大統領のブッシュですらない。シドラ湾で軍事演習を行ない、リビアを挑発し、彼の寝室にミサイルを撃ちこんだレーガンなのだ。この人は、アラブの男の復讐魂をもって、レーガンの虚像と闘っているようだ。その上になお、カダフィ－レーガン対決の図式を過去のものとし、ブッシュを含めて新しい国際関係を求める夢を、虚像のかなたに見ているようだ。

（しかし、元CIA長官であり、レーガン政権の副大統領であったブッシュは、カダフィ敵視政策を容易に変えるとも思われないが。）

その時、二機の戦闘機が基地を飛び立ち、すさまじい轟音と共に群衆の上を超低空でかすめ去った。カダフィのマイクはその轟音にこだまし返すかのように、虚空に呼びかける。

空軍基地で、親衛隊に守られ、米軍追放19周年記念の演説をする革命の指導者カダフィ。戦闘機の轟音がこだまする。

戦闘機（機種は私にはわからない）の接近飛行は三度にわたった。レーガンの近代戦力に対し、ベドウィンの生活、砂漠の力を対置しながら、同時に戦闘機の轟音で力を誇示しなければならないところに、北アフリカの主演者カダフィの矛盾を私は感じた。

カダフィは現われた時と同じく、突然消えていった。

ステージにジープが接近し、彼はそれに移り、サン・ルーフの窓から上半身を乗り出し、自身の左の手と右の手を握り合わせるサインで、人々との志の一致を誇示し、笑顔で群衆を見渡しながら消えていった。その後に、ゆとりのまったくない暗い表情の男が、ボリュームを一杯にあげて空虚なアジテーションを流し始めた。群衆はそれを無視していっせいに動いていった。

カダフィとその聴衆が、共に劇を演じているとするならば、本当の聴衆はどこにいるのか。

私はこの日の夜、ホテルに帰って式典のテレビ報道を見て驚いた。画面では、聴衆が映るときは、いつも整然として「革命の指導者」の話を聴いており、彼もその聴衆に向かって淀みなく語り続けている。テレビ・カメラは群衆のざわめきも、虚空に叫ぶ理想主義者の姿も捉えていなかった。

私はようやく理解できたように思った。私たちが思っているほどに、指導者と群衆は一体になって燃え上がっているのではない。そのことをよく知った上で、実はリビア人という見えない聴衆が、テレビを通してこの劇を観賞している。指導者とその群衆の演ずる劇が、マグレブ（北西アフリカ）とエジプトにはさまれ、サハラ砂漠に押し出されながら生きるリビアの真実を語っているのかどうか。それを、静かに見ている人々がいるにちがいない。

私たちもまた、レーガンというカダフィの相手役に同一化するのではなく、この砂漠と地中海とオイルの国の劇を、本当の聴衆になって読み解かねばならない。

革命家の出自を読む

「カダフィは一九四二年春、ロンメル軍とモンゴメリー軍が死闘を続けている頃、その戦場近くのシルテの町から南約四〇キロメートルのワディ・ジャバルで、カダドファ部族の一ベドウィンの家のテントで生まれた。一九七三年にビヤンコ女史が訪れた時は、まだカダフィの両親はテントの中に住んでいて、附近の広漠たる平原には点々とベドウィンのテントが散在し、孤独な半農・半牧の生活を送っていた」――中東調査会『ジャマヒリア――革命の国リビアの実像』は、Mirella Bianco, ***Kadhafi ; Messanger du Desert*** にもとづいて、カダフィの生い立ちをこのように紹介している。

（なお、ワディとは砂漠でよく見かける涸河《かれがわ》のことで、かつて大河であったか、今も雨期には水が流れる凹地である。また、カダフィ大佐の姓名を比較的正確に書くと、ムアンマル・アル・ガッザーフィとなるが、本文中では通例に従っておく。）

彼の祖父はイタリア植民地支配に対する抵抗運動に参加して殺され、父もトルコ軍の下でイタリアと戦って負傷した。父は砂漠を往き来して、羊を商っていた。

ベドウィンでは母と息子の結びつきが非常に強いにもかかわらず、彼は母によそよそしいといわれている。トリポリで私の聞いたリビア人からの噂には、カダフィの実母はユダヤ人ではないかというものがあった。反シオニストの闘士の母をユダヤ人と噂するところに、複雑な民衆心理を読みとることはできるが、まず嘘であろう。

シルテ砂漠はトリポリタニア（三つの都市の意味。ここにサブラータ、オエア――今のトリポリ、レプティス・マグナのローマの三都市があった）とキレナイカ（リビアの東側海岸部。比較的雨量があり、穀倉地帯。後述のサヌーシー教団――イスラーム神秘主義運動の勢力地域）の中間にある。

シルテの町では、一九二一年にリビアの反イタリア統一戦線結成の会合が開かれている（この地でリビアの藩主と認められたイドリースを、後年、彼は倒すことになるのだが）。またシルテ砂漠は、南のサハラ砂漠のフェザン地方とそのままつながっている。

彼は四人兄弟の末っ子として生まれ、上に三人の姉がいるが、長姉は死亡している。幼年時代を砂漠（というより石塊の多い土漠）ですごし、巡回のコーラン教師から読み書きの手ほどきを受けた後、一九五五年、一三歳でシルテの小学校に入る。年齢も高く、成績もよかったので、二年後にはフェザンの中心・セブハの中学校に入学。この頃から政治に関心を持ち始め、アラブ民族主義を鼓舞するナセル主義に傾斜していった。

一九五六年にスエズ動乱、五八年にアラブ連合共和国の成立（エジプトとシリア合邦、大統領はナセル）があり、またリビアの西では、五四年から五七年までアルジェ独立戦争が続いている。このような状況下、遥かリビア砂漠のオアシスの町・セブハで、カダフィはナセル擁護のデモを組織し、六一年に放校となった。その後、ミスラタの中学校をへて、六二年に士官学校に進んでいる。

士官学校進学は、セブハとミスラタの友人を誘ってのものだったという。士官学校入学後、統一主義自由将校団を組織し、密かに地下活動を続ける。士官になって後、一年、イギリスに留学させられたが、反西欧の信念を固めただけであった。そして、一九六九年九月一日、イドリース国王の体制を倒した（リビアは古い王国ではない。第二次大戦後の国連決議をへて、五一年末に反イタリア抵抗運動の代表であったサヌーシー教団の長、ムハンマド・イドリースを国王とし、連合王国として出発していた)。

カダフィは子供時代の自分を、「強情なほうでしたね。正しいと思ったことは譲りませんでした。でも、友だちとケンカをしたことはなかった。小さいときからアラーを信じ、よいムスリムになろうと心がけていました」と言っている(一九七一年三月、カダフィと会見した東京新聞記者、最首公司氏による。最首公司著『アラブの新しい星』)。

あるいは、「両親や中学時代の教師、友人の話によれば、カダフィは寡黙な沈思型の少年であったようである。今でも彼の語り口はとつとつとしていて、雄弁ではあるが立て板に水のような流暢さはない。友人達が一致してあげる彼の徳目は、宗教心と家族愛である。友人の数は少なく、滅多に胸襟を開くことはなかったが、いったん心を許した友人には徹底的に尽くすところがあった」という(先述の中東調査会『ジャマヒリア』の引用)。

以上の情報を総括すると次のようになるだろう。

姉三人の下に生まれた末っ子で、必ずしも才気煥発ではない、おとなしく、やや意地っ張りの少年が、ベドウィンの強い父系部族結合、血縁主義のなかで育つ。ただし、ベドウィンといってもすでにラクダ遊牧民ではなく、羊を売って半牧半農の生活をしていた。そのような環境でイスラーム教への敬虔な宗教心を抱く一方、反イタリア植民地主義の雰囲気も吸いこんでいった。

思春期前期になって、ようやく町の小学校に入ったが、町の商人階層の生活に馴染まず、逆に砂漠の絶対的自立を心情的理想としながら、アラブ統一、ナセル主義の影響を受ける。

おそらくシルテからセブハへ移る思春期、彼の社会的性格の転換があったと考えられる。

親しい全人格的交流を重視し、その信頼をもとに排他的（秘密結社的）結合を緊密にしていくのは、ベドウィンの文化の好むところである。ただし、それは血の結びつきを前提とするのであるが、カダフィはそれを一般的な友人＝同志関係に変えている。

頑強で思弁的な彼は、当時の少年の先端的な政治思想を解説しているうちに、自分が指導者、組織者としての才能に恵まれていることに気付いたのであろう。

そして、その対人関係、組織論は、ベドウィン的部族＝血縁結合の心理的過程をそのままにし、脱部族的に一般化、近代化することによって、強化されている。そのため同志的結合――精神分析的にいえば思春期の同性愛的結合ということになるだろうが――を絶対化し、ひとたびそれが裏切られたとなると、血族的結合に戻る傾向を温存しているといえる。

いずれにせよ、社交的＝開放的性格を持たないやや内向的な少年は、都市的＝快楽的欲動を抑圧し、それを植民地主義、イタリア的、西欧的として忌避し、厳密な論理的思考や知識の摂取といった過剰な「知性化」によってコントロールする。感情の抑圧の方法としての知性化もまた、心理的防衛システムのひとつである。激しく知性化の働く方向は、アラブ統一、ナセル主義、反西欧、反米英である。論理的思考への徹底は、彼の攻撃性や自己顕示欲を満足させる。

たとえば、このような心理メカニズムの跡を私は彼の演説にみてとった。それは、ユーモアや事例を混ぜた「やわらかい雄弁」ではなく、四六時中、同じことを考えてきた人が、その論理と批判を爆発させて述べる「硬い雄弁」である。また別の面では、舞台に立ったとき、そのイスラーム原理主義的禁欲の主張にもかかわらず、表情、身ぶり、衣装、人々の動員を含めて十分に自己顕示的である。

もし、このような知性化の心理的防衛メカニズムを通っていなかったら、彼は柔軟な政治家になり、リビア人ももっと明るかったであろう。だが、それでは革命は成功していなかったかもしれない。

革命の青年期心性

しかし、物静かな非社交的な砂漠の少年が、反西欧＝アラブ統一主義に向かって知性化したとはいえ、冷たく抽象的な思考に完全にとりこになり、硬直してしまっているわけではない。そこには理想と他者への期待の間を揺れ動く、人懐っこい甘さを残している。

カダフィは、ベルベル族（北西アフリカ全域の広い地域に分散する半農半牧の人々）の政治システムである、「家長による民主的評議会」を好んでいる（それは、一九七六年の『緑の書《グリーンブック》』に結実した、直接民主主義の考えにつながっていると思われる）。

だが、自分自身は多分に族長的である。例えば革命組織・統一主義自由将校団には自分より上長になるものは慎重に排除している。それゆえに、他方では、遠くから尊敬してきたナセルに対しては、偉大なる族長と彼にしたがう息子のような関係をとる。革命後すぐカイロに飛んで行ったカダフィは、ナセルに会って「リビアをあなたの統治にまかせる」と言ったと伝えられている。

彼の対人関係のとり方は、攻撃性と結合の間を激しく振動している。自らをゆるやかに肯定しているとはみえない。

そして、その対人関係の表に現われる傾向は二つある。一つは閉鎖的＝同志的結合を求めるもの。他の一つは、人々には平等な民主主義、自らは族長的、遠くの「族長」に対して厳父と息子の関係をとる（それは一方的尊敬であったり、一方的反抗であったりするが）といえよう。

カダフィは二七歳で革命を成し遂げた。この青年政権は、二〇年にわたって長期独裁政権を維持している。そして、二〇年の、とりわけここ一〇年のアメリカとの関係をみるとき、そこには「厳父」への反抗と甘えの思春期的な心性がよく出ている。まず反抗、それによって自分の力を認めてもらうことを求める。しかも、相手は強ければ強いほどいい。

こんな時、攻撃の対象になった者は、自分の歩みを振り返り、「息子」と対等になって話し合い続けるしかないはずである。アメリカは、軍事による東西冷戦の固定化、西欧文明による他の文明や文化の破壊、イスラエル建国とパレスチナ占領の過程を再検討し、対等な位置に立って後、リビアへの批判を加えるべきであった。

ところが、厳父は反抗する息子を暴力で押さえこもうとした。そのことによってアメリカは、リビアとの対話の機会を失い、同時に世界の抑圧された国々との対話の機会を遅らし、自らの内なる息子——アメリカの若い世代との対話の機会を失っている、と考えられる。

カダフィは、アメリカとの緊張が高くなって以降、何度となくアメリカ訪問やアメリカ大統領との会談を打診していた。それはカダフィの単なる外交的ゼスチャーだったかもしれない。また、会ったところで中東和平にすぐ役立つものであったかどうか、不明である。だが、それでもなお、アメリカはカダフィに出会うべきであった。それはカダフィとリビアにとって意味があるか否かは別にして、アメリカ自身に意味のあることだった。

ボブ・ウッドワードの『ヴェール』では、レーガンがカダフィの女装趣味を好んで話題にし、八六年三月一四日の〈国家安全保障グループ〉の会議の席上、「カダフィには、いつでもナンシーの衣装ダンスを覗かせてやるよ」と言っていた、と伝えている。妻の、息子にとって母の、衣装ダンスを、女のような男として覗かせたいと言っている。

また、同年八月一四日の会議では、先に紹介したように、シュルツ国務長官が「エイズを移してやれ」と言い、レーガンがうなずいたという。これもまた、父が息子を現代文明病によって去勢する欲望といえる。そのような世界を支配する厳父の暗い欲望にアメリカ自身が気づくには、息子に会い、息子の怒りと悲しみ、さらには甘えに付き合うしかないだろう。会うことによってしか、息子もまた、自分が厳父の醜さに近づきつつあることを、気づかないのではないか。

私の部屋は五階の、海の見える立派な部屋だった。夜のトリポリ港に船の光が揺れている。私はカダフィの人格について考えながら、いつしかこの海の向こうに浮かぶアメリカの力に向かって語りかけていた。

第四章　サブラータの遺跡

滞在延長の画策

カダフィ人権賞の会議は終わったので、出国の準備をしなければならない。入国してまだ四日しかたっていない。だが、招待した委員会は「一三日、火曜日のリビア航空に乗り、パキスタン経由で帰れ」と、変更不可のキップを持ってきた。

「もうすこし滞在し、旅行させてくれ」と頼むが、「不可能」の一点ばりだ。

まずホテルがない。このホテル・アル・カビールも次の会議が入っているので、泊めておくわけにはいかない。街に食事をするところはない。甘いジュースを飲ませる喫茶店はあるが、レストランはほとんどない。また、車がないので移動できないという。

確かにその通りだ。この国にはレンタカーはない。カダフィは『緑の書《グリーンブック》』の第二章で、自由とは小所有であると繰り返し述べている。そして、いかにも遊牧民らしく、住居と同じ重要度で乗り物の所有を強調している。

「乗り物もまた、個人や家族の不可欠な必要である。それが他人に所有されるということは、あってはならない。社会主義社会では、人も、その他いかなる団体も、賃貸用の乗り物を私的に所有してはならない。そのことは、他の人びとの必要を管理することとなるからである」という。

車は砂漠のラクダと同じように考えられており、移動できる車を持つことこそが自由である、と主張する。こうして一九七九年九月二日の演説で、カダフィは「車はすべて運転する人の所有に帰す」と述べ、その時点で運転していた人のものとなった。

つまり、各人が車を持っているので、旅行者が利用できる車は無いというわけだ。

しかし、それでもなお私は旅をしたいと思った。食事ならパンを買って、持ってきた固形アルコールで湯を沸かせばいい。移動は……、無理かもしれない。でも、行けるところまでは行ってみたい。

そう思って、渡されたキップを持ってリビア航空の事務所に行き、「出発便の変更はできないか」尋ねてみたが、「これは政府のチケットだから」とまったく受け付けてくれない。

こうして、帰国の航空チケットの交渉で一日が暮れ、夕方になって「せめてフランクフルト経由にしてくれ」という要求が通った。というのは、フランクフルト便は一六日までなく、そのため滞在を三日間延ばせることになるからだ。宿は？　ホテルにそのまま居すわるか。いずれにせよ、なんとかなるだろう。委員会のほうは、宿の世話までしてくれる気配はまったくない。

ひとまずホッとして、沼田順大使公邸を訪ねた。私の出発が明日だということで、夕食に招待されていた。この夜は、温かいもてなしに久しぶりに緊張がとれ、すこし饒舌になってしまった。

夜更けてホテルに帰ってくると、カダフィ大佐より彼のテントに招待されていたことを知った。残念だが、私も「体は二つない、またの機会に」とリビア式にのんびり思えるようになっていた。

いよいよ翌六月一三日から、私のはかないリビア旅行が始まる。ともかく、そう思っただけで身が軽くなるようだ。

〈それから一〇日間も、多くの在リビア日本人のリレーで、車と宿をあてがわれ、思いがけない大旅行を遂行できた。名前や会社名をあげて感謝にかえたいが、アメリカの対リビア経済封鎖があり、何かのまきぞえで迷惑をかけてはいけないので、すべて伏せることにする。

一九八八年末の化学兵器工場問題で、アメリカはいきなりリビアと貿易関係のある日本のいくつかの会社の名をあげ、建設に協力していると非難した。すると、通産省が当該会社を呼んで「気をつけるよう」注意する。これもまた、後日、西ドイツの会社数社が係わっていたことが判明するのである。

アメリカは、日米貿易摩擦の八つ当たりにリビア問題を使っているところがある。カダフィは憎い→リビアは悪→リビアと絶交しない者も許せない→許せないついでに経済国家・日本も、という飛躍した感情のセットが爆発している。ココム違反を責める問題の裏にある感情と同じである。すると通産省が「慎重に」と顔をしかめてみせる。こうして日本側では、「慎重に慎重に」というしかめ顔が伝達されていく。ここでは私もすこし顔をしかめて、感謝の言葉をひかえさせていただこう。）

フェニキアの都市へ

この日はまず、西のサブラータに向かった。オエア（今のトリポリ）、レプティス・マグナ、サブラータの三大都市は、古代にトリポリスと呼ばれていた。

紀元前一〇〇〇年ごろ、地中海貿易の主役であったフェニキア人が、リビアの西海岸に貿易の拠点を求めて入ってきた。

紀元前九世紀から八世紀にかけて、トリポリスが建設され、紀元前六世紀末に、フェニキア人の海洋帝国カルタゴの衛星都市となり、サハラ以南のアフリカおよびスーダンからの金、宝石、象牙、奴隷貿易の中継地として栄えた。とりわけサブラータは象牙の集散地として、市の紋章は象をかたどっていたという。

紀元前一四六年に終結した第三次ポエニ戦争で、カルタゴがローマによって滅ぼされた後は、ローマ帝国の支配下に入り、このトリポリタニア地方は、東のキレナイカ地方と共に、オリーブ、小麦、大麦、ぶどうなどの農産物をローマに供給する「ローマの穀倉」となった。

ローマ帝国の支配が紀元前八六年から紀元四五〇年まで続き、ローマ帝国の崩壊後、五世紀

国境のなくなったチュニジアに、政府の統制で非常に安い小麦を積んで商売に行く車。これでは政府の物価政策も大変だ。

に、北方ヨーロッパから移動してきたゲルマン系のヴァンダル人（いわゆる野蛮人という名称）の侵入を受け、経済活動は停滞した。五三四年に、ビザンティン帝国のユスチニアヌス帝によってヴァンダル人は駆逐されるが、その後再び華やかな商都にもどることはなかったのである。

そして六四〇年代後半に、エジプトからアラブ軍が入り、イスラーム文化のなかに飲みこまれていった（巻末の年表を参照してほしい）。

トリポリの中央道路オマール・アル・ムフタール通りを走り、中央のビル街、放送局をぬけると、白や茶色のアパートがつらなっている。住宅地には木が一本もないので、いかにも生活が乾いてみえる。住宅地に近い道路沿いには、果物を並べる店、肉屋、ジュースの缶詰を売る店などが現われる。流通の役割について否定的な政府であったが、公的な市場以外に、個人の店も昨年末ぐらいから見かけるようになったという。

ふと追い越しかけた車は小麦の大きな袋を屋根の上に縛り、もう一台は羊を二頭横に縛りつけて走っていた。チュニジアに商売にいく乗用車である。先にも述べたが、小麦は政府の食糧政策により、補助金によって安くおさえられている。それが、八七年末のリビアとチュニジアの統一で国境がなくなり、チュニジアに運ばれているのである。これでは、政府の物価政策も大変だ。

道路は六車線あり、中央の分離帯には高い街燈が並ぶ、申しぶんのない高速道路である。海岸沿いの道路には緑も多い。オリーブの園がつらなったり、ユーカリの並木になったり、ナツメヤシの林になったりする。少ないけれども、オレンジの畑も混じる。

この季節には、タラと呼ばれる大きな木が黄金色の花を一面につけている。道路は平らで、左右の景色は変わらず、単調に、乾いた赤い土にオリーブの低い濃緑の帯や、高いナツメヤシの疎らな林が流れていく。

トリポリを出て一〇〇キロ、一時間二〇分ほどでサブラータの町に着いた。道を海岸に折れ、みごとなユーカリの並木を走ると、城郭のような廃墟がとびこんでくる。

遠くに廃墟が浮かぶフェンスの前で車をとめ、けだるくうずくまる門番に二五〇ピエスタ（一〇〇円ほど）の入場料を払って、門を開けてもらった。

運転手は外に待たせたので、私一人だ。誰も見えない。立ち枯れになった大きなアザミが、乾き切った土の臭いを発している。足速に近づいていくと、そのアザミの繁みの彼方に、先ほど見えた巨大な半円の城郭が近付いてきた。円形劇場だ。

海と空の間の地中海人たち

私はようやく、ホテルでの無力な缶詰生活から抜け出し、自分の意志で旅をしている気分になれた。陽射しはきつく、髪がじりじりと焼けはじめる。

左に折れ、ビザンティン時代の城門をくぐると、横たわる巨大な大理石の山をしたがえて、太い円柱が立ち並んでいる。その上に乗る建物の梁を失って、円柱はかわりに地中海の碧空をいきなり支えている。あるいは、これらの円柱はナツメヤシになったつもりかもしれない。がっしりと林立し、梁を支える上部の柱頭は、ナツメヤシの葉や花のように見える。

城門から擦り減った石畳が続き、左手に「南のフォーラム」の神殿が現われる。この神殿は誰を祀っているか不明である。

そして右手に二つの大きな神殿が並んでいる。「アントニヌス神殿」と、イタリアの古い豊穣の女神「リーベル・パテルの神殿」(ギリシャのディオニュソスと同一視されていた)である。

神殿の倒れた石の上に腰を下ろした。明るい影のない陽光の隙間を割って、風が吹いてくる。風は、廃墟が海に崩れ落ちる彼方から、地中海の潮騒を運んでくる。

まるで、私の顔に吹きだす汗の音まで聞こえそうなほど静かだ、やはり、誰もいない。アザミが花をつけたまま乾き、土砂の上の造形となっている。また葉肉の厚い低い草が、一面に地を覆

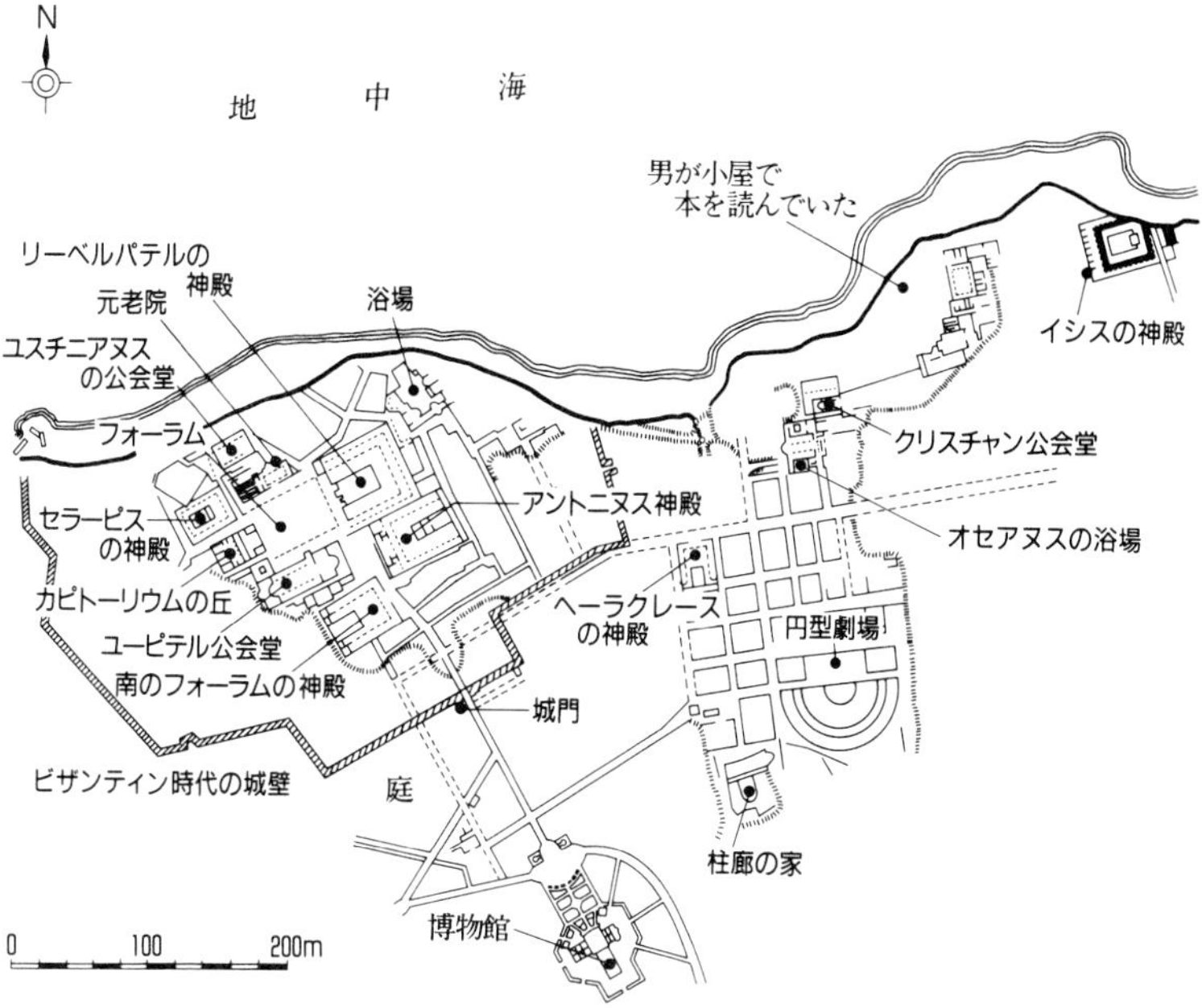
N
地　中　海
男が小屋で
本を読んでいた
イシスの神殿
リーベルパテルの
神殿
元老院
浴場
ユスチニアヌス
の公会堂
フォーラム
クリスチャン公会堂
セラーピス
の神殿
アントニヌス神殿
オセアヌスの浴場
カピトーリウムの丘
ヘーラクレース
の神殿
円型劇場
ユーピテル公会堂
南のフォーラムの神殿
城門
ビザンティン時代の城壁
庭
柱廊の家
博物館
0
100
200m

SABRATHA　サブラータ

っていたりする。大理石の崩れた塊、赤い砂、繊維にもどった花や葉、それらすべてが真っ青な光と向きあっている。

一本の石柱の上に、ふくろうに似た鳥がとまっていた。それは、昼の時《とき》に迷いこんだ夜にみえる。乾燥地のアラブやアフリカでは、太陽は不毛あるいは死であり、月は豊穣あるいは生だとイメージされるところが多い、廃墟の明るさに、鳥は小さな夜のしめりをあたえているようだ。

これまでアナトリアやエジプトなどいくつかの古代遺跡を訪ねたが、ほとんど誰かと一緒だった。あるいは、一人でもガイドを強要する男たちや、みやげものを売ろうとする子供たちにつきまとわれた。しかし今、広大な遺跡のただ中に、一人で座っている。人影はどこにもない。頭と腕を壊され、影を失った女神の像の気配を感じるだけである。地中海の潮騒と、すずめの鳴く声しか、風の音をにぎやかにするものはない。

さらに北側の元老院、東ローマ帝国のユスチニアヌス大帝の名前を冠した「公会堂《バシリカ》」まで歩いていった。彼は北アフリカのヴァンダル王国を滅ぼし、サブラータを再建した皇帝だった。

そして再び海辺の道を折り返し、西側の「セラーピスの神殿」（エジプトとギリシャの宗教の融合を図って創り出されたアレクサンドリアの神であり、病の治療者、運命にもまさるものとされた）を下り、「カピトーリウムの丘」に入っていった。ここにはローマの帝都にならって、最高神ユーピテルと女王神ユーノー、知の女神ミネルヴァの三神が祀られていた。

カピトーリウムの丘の前には、広い美しいフォーラムがある。ここは、かつて東のレプティス・マグナと競いあうほど賑わっていたという。

「南の公会堂」、「フォーラムの神殿」へと、私は大きな凝灰岩の崩れた山をとびこして、黙々と歩き続けた。

振り返ると、緑や赤の大理石が、遺跡に踏みこんだ時より、しっかり立っているようだ。いくつかの神殿、広場、浴場、元老院、公会堂、再び神殿。今かけめぐってきた古代都市の配置が頭のなかに入り、私はふとここに半分生きているような思いにとらわれる。構図がわかると、倒れた石柱や割れた石像は少しずつ元の姿にもどっていく。

城壁をこえ、「ヘーラクレースの神殿」を通って、新市の巨大な劇場に向かっていった。今見るサブラータの遺跡は、イタリアの植民地時代、一九二三年から一三年間にわたって発掘されたものである。新市の劇場は三世紀につくられ、アフリカ最大のものである。旧市街は円柱しか残していないのに、二世紀末につくられた円形劇場の舞台正面《ファザード》はよく保存されている。三層のスカエナエ・フロンス（楽屋の建物）は、赤い大理石の石柱群がバルコニーを支え、数少ない日陰を造っていた。舞台の基部には、踊り子、哲学者、ヘーラクレース、椅子など二一の美しい浮彫りが見られる。

二五段ほどの座席を上ると、西の旧市街、東側に散在する「オセアヌスの浴場」や「イシスの神殿」が広がっている。

北アフリカの地中海は、ギリシャやアナトリア（トルコ西部）の海より一層青い。この国に入

国するのは難しく、観光も拒否されている。西欧的消費生活やレジャー開発に汚染されていないリビアの海は、深い海の藍色を吸いあげ、空の光と向きあっていた。第二次大戦から革命へ、発掘が中止された遺跡は、地中海の波に浸食されて崩れていっている。放置のゆえに、それだけ巨大な廃墟の風貌をただよわせている。

海は人の行きかう平面であり、乾いた陸地は不毛であり、海と陸の境界にしか豊穣はない。そう思って生きていた地中海人の世界観が、海と空の間にかすかに煙っている。最も贅沢なのはリビアを訪れたことではなく、今リビアを訪れたことだったと思えてくる。

私は十分に地中海の陽光を吸いこみ、肌に浮かんだ汗を何度か潮風に乾かした後、サブラータの街が海に消えていく波際まで歩いていった。

石畳がそのまま澄んだ海に下っていき、青い水のなかで大理石の塊が揺れている。フェニキア人も、ローマ人も、この石畳をゆっくりと歩み去り、海の浴場にひたっているのであろうか。その傍らに、この都市を造った奴隷や、サハラから運ばれてきた奴隷たちの骨が積み重なって砂になっているのに違いない。

オセアヌスの浴場の近く、海辺の一端に、流木とぼろ布で側面を囲った小屋らしいものがある。

私がその前を通ると、小屋の中に若い男がメガネをかけて、ペーパーバックの本を読んでいた。屋根のない小屋で、男の体は左半分は陽光をうけて明るく、右半分は廃墟の壁の影となってくすんでいた。リビアにはめずらしく、男は本を読んでいる。しかも、サブラータの遺跡が海に消える岸辺で。

私が男に挨拶をすると、男はまるいメガネをかけた顔をあげて、うなずき返した。

男のすぐ足もとに、動くことをやめた波があった。水のなかに遺跡は揺れ、石畳がはっきりしなくなったところに岩礁が重なり、地中海は薄緑色になったり、濃いブルーになったりしながら、凪いだ彼方に広がっていた。

なお走って、一〇〇キロほど先のチュニジアとの国境――というより、両国の統合で、劇的に壊されて無くなった国境跡を見てみたいと思ったが、あきらめてトリポリにもどった。

トリポリ赤壁城の一角に、ジャマヒリア博物館がある。四階建ての大きな博物館だが、ユネスコが監修したものであり、設備だけでなくその展示は非常にレベルが高い。私はそこで、明日訪ねるレプティス・マグナのアルテミスの石像、今回は訪ねることのできないかもしれないキュレーネ（現在の地名は、シャハート。結局、次の週にそこに立ったのだったが）のビーナスなどを眺めてすごした。

第五章　レプティス・マグナの遺跡

警備国家の異邦人

六月一四日朝、いよいよホテルを追いだされることになった。

リビアの朝は早い。人々は七時には動き始め、事務所も八時には開く。

私は念のため、未練がましくも、朝食後もう一度リビア航空の事務所に立ち寄ってみた。一昨日まで、カダフィ人権賞の事務局員でざわめいていたオフィスは静かになっている。私はおもむろに黄色の航空チケットを取り出し、一週間後のフランクフルト便に変更できないか尋ねてみた。

驚いたことには、「OK」とチケットを受けとってくれるではないか。二日前には、「政府のチケットは変更できない」と見向きもしなかったのに。ほとんどの代表が出国したので、「変更不可」の命令が解かれたのだろうか。私は宿のあてもないまま、さらに先の六月二三日の便に書き換えてもらった。

荷物を持ってロビーを横切ると、永い永い三日間、待機の苦楽をともにしたカダフィ人権賞の委員会の男たちが、「いよいよ帰るのか」と握手にきた。この愛すべき、秘密主義のサボリたち。彼らは、今から私が空港に向かうと思っている。とはいっても、私はうっとうしい委員会と別れるかわりに、この警察国家で受け入れ組織を失うわけだ。いささか心配である。

私のパスポートには、「カダフィ人権賞の会議出席のため」とアラビア語で書きこまれた特別ビザが、一カ月の許可を付記してスタンプされている。ところが、会議出席ということでは、入国も出国もセットにされていた。そのためか、私のパスポートには入国もスタンプもない。入国時所持金の申告カードも受けとっていない。この国に着いたとき、第一日目にもらわねばならない宿泊地所管の警察の印も押してない。皆と一緒に出ないと、出国時に困ったことにならないか。

たとえばこんな事件があった。トーメンのトリポリ支店長は一九八四年一二月一八日、パスポート・コントロールの窓口も通過し、見送りの人びとに別れを告げて、ひとり出発待合の入口に向かった。そこでボディ・チェックを受け、入国時の所持金申告以外のトラベラーズ・チェックがみつかり、そのまま逮捕され、翌年一月七日まで拘置所に入れられている（杉山博敏『恐怖のリビア獄中記』）。シャワーもなく、トイレも満足にいけない熱暑の監獄では、何日間、身がもつかわからない。

そんな不安が頭をかすめたが、ビザは一カ月になっていることもあり、ともかくカダフィ人権賞の権威で押し通すことに決める。カダフィ人権賞の日本代表として、写真入りの身分証明カードをもらっていた。これを胸に、道路の検問も許してもらおう。

そう思って、笑いかける事務局の男たちの手を握り返した。

今日は三井物産トリポリ事務所が都合してくれた車で、トリポリから東に向かう。一五〇キロほど東に、現存するローマ帝国最大の遺跡といわれているレプティス・マグナ（意味は「巨大なるレプティス」）がある。

昨日と同じく、道路は一直線で、みごとにアスファルト舗装されている。街を出ると、オリーブの農園が広がっていた。

運転手のイブラハムは両手をはなして、時速一〇〇キロ、カセットで音楽を聴きながら走り始めた。ゆるやかなカーブにきても、車は道路に沿って曲がっていく。もし、舗装の壊れたところがあると、どうなるか。この日は、そんな心配よりも解放感に満たされて前方をじっと見ていた。

途中、道路標識に韓国語の表示がアラビア語と併記されている。道を曲がれば、工場が見える。韓国人労働者が働く工場であろう。

白っぽい肌の松、あるいはユーカリが道路の両側に並び、その後ろにオリーブ、オレンジの疎らな農園が展開する。一時間半ほど走ると、しだいに山がちとなり、杉の木が多くなった。ナガザというところに、小さなリゾート・ホテルが建っている。地中海に面した二階建てのホテルである。ハイウェイを海岸に折れ、ホテルに寄ってテラスでコーヒーを飲む。

静かで、庭の草に水を撒くスプリンクラーの音が、時折聞こえるだけだ。二人の西洋人——中年の男と女が食事を待っている以外、動くものはない。この緊張の高い国で、また観光はないことになっている国で、いったいここはどこだろうか。イタリアの海岸にでもいるようで、現実感が希薄になっていく。

リビアの〝空地性〟について

コーヒーを飲みながら、イブラハム青年と、エジプトとリビアの統合についてお喋りをした。「私は昨日はチュニジア近くまで行ったが、今日は東だ。東のエジプトとの統合について、どう思う」と尋ねると、彼は「結婚に都合がよい」と答えた。

アラブの統合と、男の女の結婚。いささか面くらう話だが、よく聞くと次のようなつながりになっている。

結婚では、男は三〇〇〇ディナール（一ディナールは約五〇〇円）ほど準備しなければならない。一〇〇〇ディナールは娘の首輪、手のリングなどを買うため。他は七日間にわたる宴会に、二〇〇人ほど招待する費用。それ以外に、花婿の父親から花嫁の父親に二〇〇ディナールほど贈らねばならない。マハル――いわゆる婚資である。

こんなに費用がかかるので、エジプトの女がいい。彼女の親族は遠くにいるので、宴会も一日ですむ。エジプト女性は教育もうけている。国境がなくなったので、リビアの男はエジプトに女を探しにいく、というのである。

まだ独身の彼は、「アラブはひとつだ」と、カダフィ大佐のスローガンで話を結んだ。

「それに、異国の女性なら一方的に離婚できる……」と私が茶化すと、「いや、そんなことはない。やっと得たものだし」と笑い返した。

この質問は意地が悪かったようだ。サウジアラビアの富豪がエジプトの教育ある女性を第二、第三の妻として買い、うまくいかないと一方的に離婚する、という新聞記事を読んだことがあった。イスラームでは、結婚の届けはモスクのシャイフ（導師）にすることになっている。そこで、婚資の額を記入して結婚という契約が成立する。男は婚資を返せば離婚は自由だ。しかし、一方的離婚は富豪の国の話であり、リビアではなかったようだ。


カダフィ主導の「アラブの統合」を揶揄する論説は多い。アラブ過激派と穏健派の統合はありえない、と。だが、まずチュニジアとは物の移動、エジプトとは女性の移動が始まろうとしている。物と人の移動、それは北アフリカで古代から連綿と続いてきたものである。民衆はアラブの統合を生活レベルでとらえている。

カダフィもまた、先の空軍基地での演説で、「同じ言葉を喋る者が、好きな所に行き、物を買うことができる。それでいいではないか」といっていた。日本式の几帳面からすれば、余りにも粗雑と否定されるとしても、私は、この厳しい革命政権のほど良い〝いい加減さ〟が気に入った。

一九七九年に『緑の書《グリーンブック》』シンポジウムに招待され、リビアを訪れた板垣雄三教授（中東現代史）は、リビアを〈空地《あきち》性〉と捉えるとよいと述べている。

もともとリビアというまとまった地域があるのではなく、マシュリク（東アラブ）とマグレブ（西アラブ――北西アフリカ）の中間地帯であり、サハラ砂漠を媒介してブラック・アフリカに向かう地域でもある。さらに地中海をはさんで、トルコにも、西欧にも（とりわけイタリアと）結びついている。リビアは東西南北の隣接地域を結ぶ中間地帯であり、あらゆる地域の辺境である、という。

確かに、中国文明の飛び散った「しずく」の溜り場であり、また近現代になって西欧やアメリカの「文明のしずく」の溜り場となっている日本と対比すると、〈空地性〉がはっきりしてくる。空地――通過地帯としてのリビアを、今、西のほうから物が移動し、東のほうから女が移動しているのである。

幻のローマ人への呟き

海岸沿いの山を下って三〇分もすると、アル・クムスの町に着く。この町の東の海辺に、レプティス・マグナはある。前一〇〇〇年のころフェニキアの貿易中継地（エンポリウム）として建設され、トラヤヌス帝の治下一一〇年に自治権を得て、ローマの植民都市となっている。発掘は一九二一年から、イタリアのP・ロマネッリによって行なわれた。

ユーカリの木陰に運転手を待たせて、一人で入っていった。イブラハムは案内しようと言うのだが、昨日と同じく、私は歴史的時間に一人で浸りたかった。

細い小道がユーカリの大樹の間をつないでいる。両脇に出土品の柱頭や彫刻の断片、石臼がならんでいる。それはリビアには似ず、せせこましい印象をあたえていた。木陰の狭い道が、現代と古代を結び、そして現代を忘れて古代にもどっていく産道になっている。

緑の暗がりをくぐると、再び明るい黄褐色の空間に直面する。並木を出たところは高台になっており、坂の下に巨大な「セプティミウス＝セウェレス帝の門」が立っていた。セプティミウス＝セウェレスはリビアのこの都市から出たローマ皇帝（在位一九三－二一一AD）であり、軍人皇帝時代の最初の皇帝であった。

大門は修理用の鉄材や木枠に囲まれ、すでに風化しかかったクレーンが寄り添っていた。何年前に修理を始めたものか。一〇年前か。もっと前の、もしかすると革命以前の二〇年前、復元修理の途中で放置したものかもしれない。雨の乏しい乾いた土地では、足組みもクレーンも赤錆に

「セウェレス帝の門」の「勝利の女神」。トリポリの博物館に移されている。

溶けて崩れることもなく、大理石の柔らかい肌にくっついた古着のように見える。この門には、「勝利の女神」の美しい浮彫りがあり、トリポリの博物館で見ることができる。

セウェレス帝の門から真っ直ぐに（北東に）、「トラヤヌス帝（在位九八 - 一一七ＡＤ）の凱旋門」、「ティベリウス帝（一四 - 三七ＡＤ）の凱旋門」へつづく大通りが続いている。反対に、門を迂回し、右手に歩いていくと、広場があり、その角を北にまがると、右手に石柱が林立しているのが見えてくる。「ハドリアヌス帝（一一七 - 一三八ＡＤ）の浴場」である。私はそちらの道をとった。

浴場の正面右手に、円柱にはさまれて純白の太陽神アポロンの像が立っていた。本物はトリポリの博物館に移され、替わりに模像が立っている。廃墟の列柱の間に新しいアポロンが置かれてあると、妙に艶めかしく、超現実主義のいたずら空間に投げこまれたかのようだ。

浴場と闘技場の間に部屋があり、大理石のトイレがあった。

穴が並んだ石板の下に、下水道がひかれている。もちろん今は、水は流れていない。

私は古代水洗トイレの石板に腰かけ、隣にしゃがんでいるであろうローマ人に呟くように声をかけてみた。

「ギリシャの遺跡も、ローマ遺跡も、浴場は温水、冷水、蒸し風呂と決まりきった配置になっている。私はその一つ一つをくぐって、当時の、空にそびえる浴場の屋根の下にいる。厚い凝灰

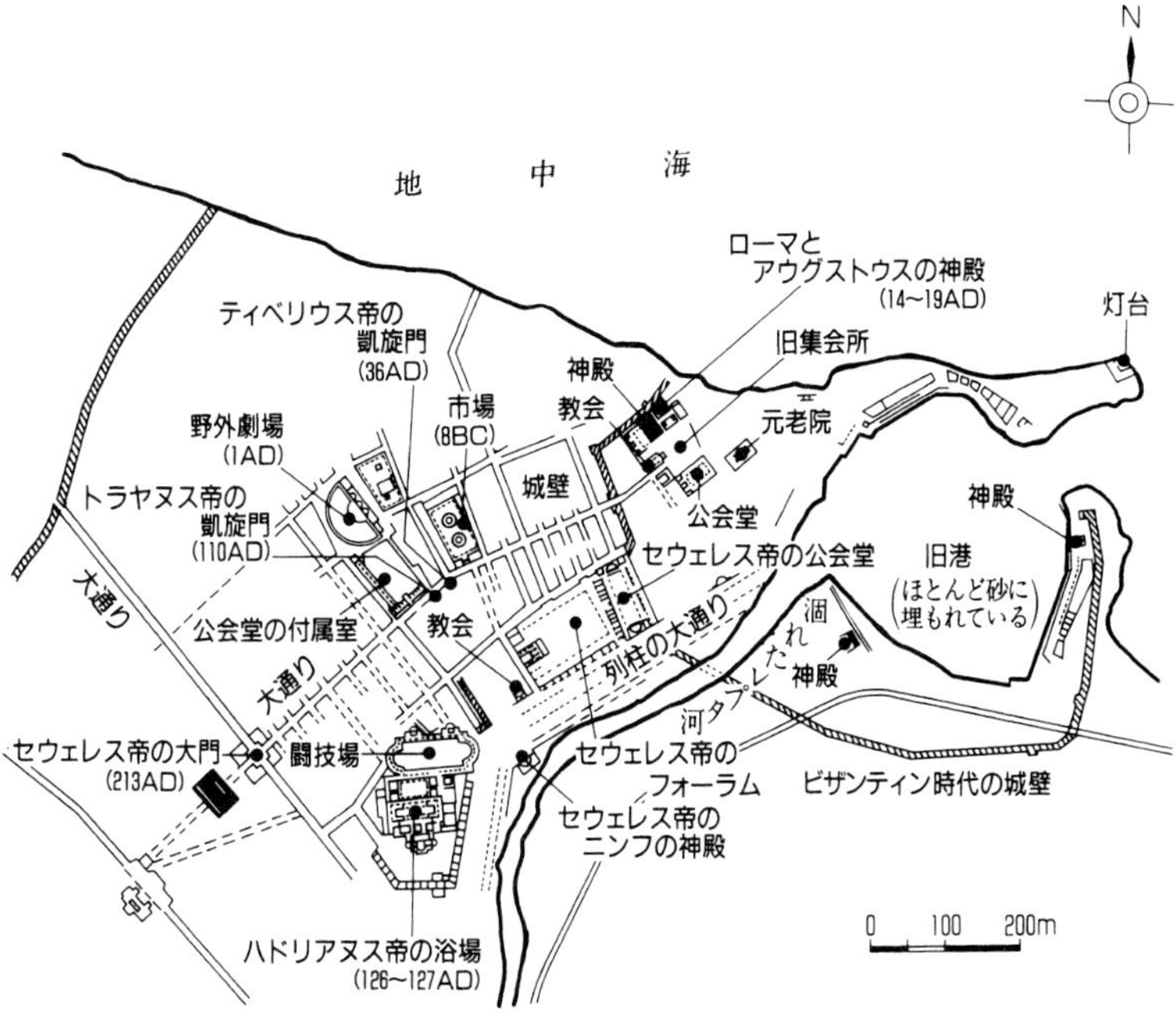

LEPCIS MAGNA　レプティス・マグナ

岩の切り石は激しい太陽をさえぎり、その影のなかで、人々は無為の時間、会話の時間を楽しんでいる。そのためにも、都市は人々の思考を乱さないように、常に一定の布置と構造を持っていなければならなかったのだ。

人は生まれ育った都市で、頭のなかに世界の配置を焼きつける。眠り、食事をする家――この私的な場は比較的小さい。そして家から出ると、運動場があり、闘技場があり、若者はそこで身体を鍛え、汗を流す。水の流れる公共のトイレ、浴場。その向こうに、フォーラム、公会堂《バシリカ》、いくつかの都市を守る神々の神殿、市場、劇場。このような公的な施設が圧倒的に大きい。人は家から出て、一日を、人々と出会いながら、公共の空間――つまり、ポリスですごすのである。

ここでかわされる会話は、神々の祭りのこと、真理について、都市《ポリス》と都市との同盟、交易のことであった。哲学とか政治《ポリティクス》とかいわれるものは、ポリスの有閑な貴族や市民が日々かわすお喋りであった。

こんな都市の彼方には、また同じような都市がある。都市と都市の間には、不自由民としての農民が働く農地があり、農地の向こうには不毛の乾燥地が広がっている。都市は荒地に浮かぶ島である……」

ひとり古代のトイレに座り、レプティス・マグナから世界を見当付けると、こんな風になるの

天を見つめるメドゥーサの首。

だろうか。

喋り終わって隣の古代人に同意を求めると、彼はトイレを立ってどこかに行ってしまっていた。私は明るい公共トイレに腰かけ、夢想していたのであった。

メドゥーサの首

闘技場の裏手から、列柱の大通りが港まで延びていた。しかし今は、崩れた切り石の山が涸れたレプタ河に平行して走っているだけだ。私は石の山を飛び移り、砂丘に足をとられながら進んでいったが、会ったのは大きな黒蛇のみだった。

時々、海から吹いてくる潮風が、わずかなユーカリの木々を騒がせ、鼻を刺す樹脂の香を運んでくる。土は乾き、雑草らしい雑草はほとんど生えていない。そんな中に、背の高いアザミが鮮やかな紫の花をつけている。アザミの紫と凝灰岩の茶褐色、そしてその先に迫る地中海の空の深い青が、静止した時間のなかで向き合っている。

列柱の瓦礫のなかを進むのをあきらめて、高い石壁のあいだの門をくぐって、「セウェレス帝のフォーラム」に入っていった。

フォーラムは石壁に囲まれ、広い、しかし閉ざされた空間を構成している。

石柱や柱頭がころがり、メドゥーサの頭部が豊かな髪をたばね、空をむいて口を開けていた。憂いをおびた顔は、カッと開いた口に地中海の荒神《ポセイドーン》の愛を受けとめようとするかのごとくである。

メドゥーサは地母神であり、豊穣をもたらすと共に統御不能な力をもつとされる。その眼は人を石に化す力をもち、神々にすら恐れられていたが、ポセイドーンとのみ交わったという。地の神と海の神が交わるところに、豊穣が生まれるということだろうか。すべてが石の廃墟となったフォーラムで、回廊のアーチの飾りから落ちた彼女の首は、石と化すべき人々を見失い、北アフリカの雨を、ポセイドーンの愛の一滴を、その口唇に受けるのを待っていた。

フォーラムの東側に、比較的保存のよい回廊が残っており、回廊のアーチのひとつひとつに、「海の精《ネーレーイス》」のかわいい顔が飾られている。

回廊の突きあたりに続いて「セウェレス帝の公会堂《バシリカ》」の高い石壁が直立し、その向こうには海の青と空の青が二つの帯をなしてかぶさっている。

西側の壁には、浮彫りの美しい壁柱が残っていた。女神の浮彫りがやさしく、私は二千年をへてなお青白い乳房に手をのせたのだった。

一〇〇×六〇メートルあるという広いフォーラムにひとり立っていると、途方もない静寂と感動が混じりあってくるのを覚える。

南側に崩れた館の跡があり、それはうずたかい切り石の山となっている。私はゆっくりと、足元を確保しながら、この一五メートルほどの廃墟の山を登っていった。

遠くに、昼の祈り《アッラー・アクバル》を呼びかける声が聞こえてくる。東の涸れ河の向こうにはナツメヤシが繁り、さらに向こうは赤茶けた海岸丘陵になっている。この丘陵線もまた、ロンメル将軍の独軍とモンゴメリー将軍の英軍の戦場になったのであろう。砂丘に溶けこんだ小さなトーチカが、小さな点になって見える。

それからなお一時間、北の神殿や教会、西側の都市の市場と歩き続けた。市場には瀟洒な二つのキオスクが残っていた。市場の後方に、巨大な野外劇場がそびえていた。それは、サブラータの劇場より開放的な印象をあたえる。

昨日と同じく、私は劇場の上で、テルモスから渋くなった紅茶を出し、渇きを癒しながら、もう一度、レプティス・マグナ――「大いなる都市」を見渡した。

これで、サブラータ、オエア（トリポリ）、レプティス・マグナと古代のトリポリスを見終わったわけだ。いつか、これらの古代都市が美しい映像で日本にも紹介されるだろう。

夕方、すっかり陽焼けして、ミスラタの郊外にある製鉄所のキャンプに入った。

ミスラタ製鉄所の日本人

ミスラタ製鉄所は、コークスと冷却水を使わない直接還元方式による粗鋼生産一一〇万トンの一貫製鉄所である。

建設は一九八二年からで、西独、オーストリア、日本、韓国、イタリア、トルコ（受注額の順）の各社があたっている。私は、リビアにおける工業化の実状を知るため、今のところ中東最大の製鉄所といわれているミスラタ製鉄所を訪れた。軍事主導の国家で政府直轄の重点産業部門を見せてもらうのは難しい。日本の神戸製鋼もコントラクター（受注会社）の一つなので、見学をお願いすることができたのである。

キャンプは、彼方に遮るものとてない平野に建っていた。入口に「もと来た身体で帰ろう、自分の身体は自分で守ろう」と日本語で書かれた安全スローガンが立っている。今、九二人の日本人が働いている。

技術者たちが製鋼工場から帰ってくるまでの夕暮れの一時、付近の畑の散歩に出てみた。土は乾き、所どころにタマネギやトマトが投げ捨てられたように植えられている。よく見ると、どれもこれも、また周囲の枯れたアザミにも、一面にカタツムリがついているではないか。

一本の草に、数十のカタツムリが食いついている。

リビアでは、サハラの砂塵が養分を運んでくるため、肥料は使われていない。水をやれば農作物ができる。ところが、ポンプによって常時散水が行なわれると、地中の塩分を吸い上げてしまう。それと同じように、このカタツムリの異常増殖も、生態系の変化からくるものであろう。

オリーブの畑を通り、なおも歩いていくと、羊を連れた男が彼方に立っていた。彼は杖をふりあげて、険しい顔で「もどれ」という合図をする。キャンプの日本人で石を投げつけられた人もいるとのことだが、外国人に対してはなお、頑なな人が多い。

この夜は、冷房のきいたプレハブのキャンプで、地中海の鯛の刺身などをご馳走になった。お返しに、私は、医師にもどり「高血圧などの健康の相談にのりましょうか」と申し出たのだが、一週間前にアルジェリアから外務省の医師が診察にきたばかりとのことだった。


六月一五日、ミスラタ製鉄所の製鋼工場を見せてもらった。一九八二年に建設が始まった製鉄所は、八七年に出来上がる予定が、一年以上遅れている。八八年三月に初圧延（火を入れて、丸棒を造る）にやっとこぎつけた。製鋼工場は今年一月に仮引き渡しが終わり、目下は操業の指導中であった。

線棒と形鋼を造ることになっているが、今のところは線棒だけである。工場は日本の製鉄所と変わらず、よく整理され、自動化されたラインに人影は少ない。ただ違うのは、住宅建設の需要

ミスラタ製鉄所のキャンプで。出かける所とてないキャンプで92人の日本の男たちが働いている。

の急増で、線棒が出てくる先にトラックが待っており、慌ただしく運ばれていくことだった。

私は二年前に見てまわった、高炉の火が消え、合理化の進む日本の製鉄所を思い浮かべていた。日本の産業構造転換の進むなかで、こうして外地の工業化に黙々とたずさわっている技術者がいる。リビア側の非能率、日本の政府の貿易管理令による締めつけ、劣悪な生活環境、の三悪状態のなかで、彼らはこうして決められた仕事を確実にしあげている。

ここでも私は、案内していただいた責任者から、いかにリビア人が働かないかという話をきいた。その彼が「最初は商売だったが、今はこの地の人に工業化とは何かを教えたいと思っている」と言ったのが、印象に残った。

私も二週間、リビアを駆け巡っていて、リビア人がいかに働かないか、考えこまされたものである。住宅建設にも、道路建設にも、あるいはいくつかの大建設計画の現場でも、働いているのは外国人労働者や技術者であった。尋ねると、韓国、フィリピン、マレーシア、パキスタン、東欧、パレスチナなど各国から来た人たちである。

この製鉄所も中国人が主に働いている。

非西欧的近代の多様な構想を

リビアは低硫黄の良質な石油を産し、しかも大西洋に近い位置にある。歳入の九〇%以上が石油収入によって成り立っており、「計画消費国家」といってもよい。財政支出の相当部分が軍事費にあてられているが、その他は住宅、道路建設、工場、大人工河川計画などに重点的に投資されている。

（たとえば一九八七年版の米軍管理・軍縮局『世界の軍事費と兵器移転』によると、リビアの一九八四年の財政は一三〇億ドル、国民総生産は二九三億ドル、そのうち軍事費は五二億ドル——ただし、兵器輸入が二〇億ドルとなっている。推定であり、正確ではないが、この数字どおりだと軍事関係費が財政の四〇%にもなる。）

このような建設を請負うのは外国の会社であり、設計・管理は工業先進国の外国人技術者によって行なわれ、しかも現場の労働者も発展途上国の労働者に頼っている。

カダフィは『緑の書《グリーンブック》』の第二章で、「所得は、人間にとって不可欠な必要である。しかるに社会主義社会では、所得とは、何びとによっても、けっして賃金や他人の施しによるものであってはならない。その理由は、社会主義社会には賃金労働者は存在せず、あらゆる人が一様に共同参加者《パートナー》、として存在するのだからである」と断言する。

かくして、リビアの数少ない勤労者は、工業技術も管理事務能力も乏しいまま、〝パートナー〟として技術もないのに外国人技術者と同等の位置に就こうとする。現場の労働を嫌うかぎり、近代的な勤勉も技術も育たないということを忘れている。

古い統計ではあるが、中東調査会が出した『ジャマヒリア』によると、一九六三年の（革命前の）国勢調査の時にはリビア人の経済活動人口は三一・八％であったが、この数字は年々下がり、一〇年後には二〇％にまで下がっている。それだけリビア人は働かなくなったといえる。しかも、「生産部門に働いているリビア人の多くが、実際には生産労働に従事していない。（中略）その他の業種の中でも官僚機構で働いている人の比率は非常に高い」と述べ、「問題は労働力の不足ではなくて、労働意欲の低下と寄生化の進行である」と結んでいる。

どこに行っても、すばらしい道路とかなりの広さの家と、さらに電気と水道がついている。見事な福祉国家である。ところが、元来が、遊牧と粗放農業と商売の生活。これでは働く必要性はあまりなくなる。

革命前の一九六八年、フェザン地方を調査した谷泰さんと石毛直道さんは、セブハの近くのデブデブ村の出来事を次のように語っている（「フェザンにおけるオアシス農業と遊牧生活」——山下孝介編『大サハラ』）。

ある日旧デブデブのアハリ支族のラハドリ家の青年がやってきた。書類をもって各家をまわってはききこみをしている。なにかときけば戸籍調査だという。この青年もアハリとしてもともと百姓の子である。ときに畑で働いているのをみかけた。しかし戸籍調査をするとき、かれは政府の役人になっている。デブデブ村の青年の中にもいく人かポリスや政府の役人や教師がいる。かれらは相当の給料を支給されていた。村の長老アーマッド・モハマッドはこのあたりの割礼を一手に引きうけている。割礼をすませて、かれは政府からの金をもらいにブラックにでかけていった。

かくして二人の研究者は、「物資のほとんどを輸入し、この公務員化した人々は十分の購買力をもっている。莫大な（石油）利権収入の国民への還元方法として、工業化の条件のそろわない国のこれは一つの方法である。私たちはそれを国営消費組合国家とよんだ」と述べている。

結局、革命前の王制下でも、革命後のパートナー体制でも、リビア人の精神性《メンタリティ》は何も変わっていないのであろうか。

この国は、議会を否定し、政党を認めず、「人民の代表というものはありえない。代表とはペテンである」(『緑の書』第一章)と述べ、人民会議による直接民主主義を主張する。確かに、勤労の実態を垣間見ると、アリストテレスの『政治学』——古代の直接民主主義が、経済活動のレベルでは実現されているような気がしてくる。

アリストテレスは、「国民の徳は、生活に必要なる仕事から解放された者たち——貴族や自由民にのみ属す」と述べ、製作(ポイエシス)の仕事は奴隷の仕事としたが、このリビアでは奴隷のかわりに外国人が製作に携わってくれている。直接民主主義の経済構造がこのようになっているかぎり、貴族や自由民としてのリビア人が基礎人民会議で何を述べたとしても、政治の内容は単なるおしゃべりに過ぎなくなる。名優の劇についての劇評にしかすぎなくなるのではないか。

三八〇万人という少ない人口に、五〇万をこえる外国人労働者。しかも、厳しい気候と独裁体制では、外国人労働者の定住の心配もない。彼らは稼いで帰るだけの人である。

西欧の近代化について、M・ウェーバーは、プロテスタンティズムによる教会と聖礼典による救いの否定——いわゆる「脱呪術化」が近代的合理主義の精神となったと考えた。その後、脱呪術化はさらに脱宗教化に進み、高度消費社会を創っている。

しかしイスラームは、唯一絶対の超越神アッラーによる不可知の意志しか認めない、もともと脱呪術化した宗教である。今さら、プロテスタンティズムと西欧近代の関係と同じようなことが、アラブでも起こるとは考えられない。それでは、脱宗教化なき工業化が可能だろうか。

リビアはこのイスラームを元に、社会主義、直接民主主義、工業社会などのモデルを混ぜ合わせ、いささか奇矯な社会をイメージしている。この地を歩き、この地から世界を見てみると、国家にもひとつの心があるとして、複数の思想の結合と、その結合弛緩——粗雑な合成も、国家のある種の心的防衛に考えられる。

振り返ってみると、マルクスの唯物史観や、アメリカのW・ロストウの経済発展説（『経済成長の諸段階——反共産党宣言』）以外に、私たちはそれほど多様な社会発展イメージを構想していない。自国中心、自文化中心の視点から、相手国の政治・経済を分析することはあっても、相手の文化を理解し記述しながら、他の地域と異なる社会発展のイメージを提出する研究をしてきたとはいえない。むしろ、そんなことは社会科学者としてすべきものではない、と考えられてきた。だが、世界の政治・経済が連結した今こそ、政治家や革命家にのみ任せないで、西欧的現代でない社会を多様に構想する自由が、社会科学者や人文科学者にあるのではないだろうか。社会構想という芸術創造が、研究者に求められているように思える。

（註：マルクスの史的唯物論による経済発展段階説、すなわち、(1)原始共産制、(2)奴隷制、(3)封建制、(4)資本制、(5)社会主義的な生産様式、という考えに対し、ロストウは成長五段階説、すなわち(1)伝統的社会、(2)離陸のための先行条件期、(3)離陸《テイクオフ》、(4)成熟への前進、(5)高度大衆消費時代、という理論で反論した。なおマルクスの著作については紹介するまでもないであろう。ロストウについては、『増補・経済成長の諸段階』木村・久保・村上訳、ダイヤモンド社、一九七四年がある。）

交通事故と不条理なる死

この日は、ミスラタの町を眺め、公営市場《スーク》や絨毯織物の古い取引所を歩いて、トリポリにもどった。

帰路、昨日あまりにもレプティス・マグナに圧倒されたので、もう一度遺跡に寄り、今度はレプタ河の東側、「セウェレス帝の港跡」から古代都市を俯瞰した。静かな波が遥か東の競技場や円形劇場跡に続く海岸に砕け、波の音のなか、私はしばし太陽に皮膚を焼いた。そうすれば、波止場の切り石の色に近づけるかのように思えた。

帰りの車の運転手はフィリピンの青年だった。彼は海岸道路を一二〇キロで走り続ける。広い道路にユーカリや松の並木がときどき現われるだけで、風景はまったくかわらない。二度と来られないだろう、そう思って景観を見ようとするが、どうしても眠くなる。

来るとき休んだナガザの丘陵を下りて三〇分も走ったころ、凄まじい事故に遭ってしまった。五〇〇メートルほど離れていただろうか、向こうに羊がとびだした。運転手は一二〇キロの時速を落とさず、そのまま羊に近づいていく。羊が道路を横切る速さと、車の高速との判断を間違えたようだ。こんな時は、そのまま速度を落としながら羊にぶつかるしかない。だが、彼は直前に左にハンドルを切り、羊を避けようとした。

左の車輪が中央分離帯の砂にすくわれ、広い分離帯を飛び越え、対向車線を走り出した。そのまま道路を飛び出すかと思うと、運転手がさらにハンドルを切ったため、対向車線上で車はスピンし始めた。

私は助手席に座っており、右手を窓の上の握りに、左手をフロントの台に突っぱり、両足で車台を力一杯踏みつけ、「対向車よ、来るな」と前方を見た。というより、見たように思った。まるでスローモーションのフィルムを見ているかのように、車は二度もスピンした。

「死ぬだろうか。助かっても重傷だ。この国の救急態勢では、やはり……」、そんなことが、実に静かに頭をかすめていった。

車は、ちょうど後部を道路わきの岩にぶちつけて停まった。たまたま対向車がなかったので、なんとか助かったのだった。相手も一〇〇キロ以上の速さで走っている。対向車があれば衝突は避けられなかった。

運転手の陽焼けした顔が、青黒くなっていた。彼はまったく口がきけなくなっていた。

私は「ともかく、幸運だった」とはげますしかない。

五分ほどしてようやく、彼は「リビア人が道路わきに羊を飼って……」という非難と、私に「すまない」という言葉を発した。見ると、どこにぶちつけたのか、私の右足から出血していた。

その後は、緊張する運転手に話しかけながら、すこし速度を落としてトリポリに戻った。

ミスラタのキャンプを出発してすぐ、道を横切っていた緑の大きな蛇を轢いた。車はゴトン、ゴトンと前輪と後輪で二度乗りあげて、走り去った。「きっと、あれがよくなかったんだよ」と冗談をいっても、彼は笑わなかった。

私もまた、アルジェでカミュが自動車事故死したとき、「不条理なる死」という言葉が使われたことを思い出し、現実感を乏しくしていた。

北アフリカでは、車と車とが不注意でぶつかりあう交通事故ではなく、スピードに魅惑されて自ら死んでいく。これを不条理というのか……、よくわかった……、と取り留めないことを頭に浮かべていた。今あった、自分の体験を受けとめかねていたのである。

第六章　サハラとオアシス都市

事故死するラクダ

六月一六日、朝六時、荒川幹弘書記官が大使館の日産パトロールで迎えにきてくれた。トリポリに帰ると、荒川さんが二日間のセブハ行きの準備をしていてくれたのを知った。この国では、外交官が首都トリポリを出るには外務省の許可が必要である。荒川さんは、そんな煩わしい手続きをして待っていてくれた。

セブハ行きは、強い私の要望だった。サハラを味わうには、古いキャラバン・サライ（ラクダ隊が通る宿泊施設）のある西のガダミスでもよかった。しかし私は、リビア革命の発祥地といわれ、オアシス農業の中心であり、またチャドへ通じる道にあるセブハに、陸路行きたかったのである。

トリポリからセブハまで一〇〇〇キロ、そのため早朝に出発した。首都を出て四〇キロほどは、小麦畑にオリーブが植えられている。人家も点在する。それを過ぎると土漠である。硬い地面に、岩石が散在している。

ガリヤンを過ぎると（この近くに一九八八年末、問題になった「化学兵器工場」があるといわれていた）、めずらしく道路はカーブしながら高い岩山を越す。高い所で九八一メートルあり、リビアで冬に雪をつける数少ない山である。

それから先は、ただ一直線の道だ。とりわけ、かつてラクダ遊牧の中心であったシュエルフを過ぎると、ブラックのオアシスまでの三〇〇キロは、いかなる曲《カーブ》がりもない。

今日の運転手オムラーン・アル・マダニーニさんは、落ち着いた中年の男性である。しかし、彼は時速一五〇キロの不変の速度で走り続ける。南下するにしたがって、広い二車線の道路が急に砂に埋まっていたりする。まるで砂は大河のように道路を洗う。こんな時、彼はきちっと速度を落とし、砂の河を乗り切っている。それにしても、車体の高い四輪駆動車で一五〇キロの速度では、アスファルトのわずかな割れ目でもふっとぶだろう。昨日に続いてもう一度、私は覚悟せざるをえなかった。

途中、車に衝突したラクダが大きな腹を空にむけて死んでいた。口から流れでる血が、幾筋にもなって路肩を汚している。ラクダに当たれば車も大破したであろう。ベドウィンはラクダの所有を最も大切にする。このラクダに代価は払われたのだろうか。

車に殺されたラクダ。向こうに見えるのは私たちの車だが、私たちがぶつかったのではありません。

それとも轢き逃げだろうか。別のところでは、ラクダの群れが死んだラクダの足の骨をしゃぶっていた。

道路が造られると、ラクダの遊牧も大変だ。すでに二〇年前から、本来のラクダ遊牧——つまり、ラクダの乳を飲み、毛を利用して遊牧する生活はなくなり、ラクダはトラックで都市に運ばれる食肉に貶められている。その上に、こうして車の通行が多くなり、道路を横切るラクダが車に殺される時代になっている。

これこそ、ラクダにとって現代の不条理でないか、と思ったりする。

ラクダと同じように、車の残骸も少なくない。飛ばしすぎた車が転倒している。

サハラの車の残骸は、雨の降る地域のように錆びて腐っていくのではなく、太陽に焼か

サハラの砂紋

れ、ギブリ（砂嵐）にたたかれ、真っ黒くなってひび割れていく。鉄枠は痩せ、表面から粉をふくように砂に還っている。

ガラマンテスの町

土漠に立つと、ただただ果てしない平面の上にいると知る。散乱する光で影は成り立たず、熱気で頭がくらむ。そして視線を遠くにやると、視線は定まらないまま揺れはじめ、砂塵か熱暑かわからないもののなかに溶けていく、すり鉢型の火口に立っているようだ。どれだけ歩いても、焼けたフライパンのような世界が私を追いかけてくる。

「砂漠には絶対の自由がある」といわれるが、初めてサハラに迷いこんだ私は、自由よりも、砕けて砂になりそうな意識をどうして保持するかに困惑した。ここはステップ、例えば蒙古の高原や、深い雪原とはまったく違う。起伏があれば知覚することのできる遠近感が、ここにはない。

　砂漠は様々に表情を変える。礫の多いもの、風化しつつある奇妙な山を抱えるもの、小さな石をまきちらした土の砂漠。ついには、細かい砂の砂漠に変わる。

　オムラーンさんは、ただひたすらに走り続けた。風を切る音と、車内に積みこんだポリタンクのガソリンの臭いだけが、変わらずに私たちについてくる。時々停まって、ラクダの群れを眺め、奇岩の上に登ってみたい。だが、そう言いだすのがはばかられるほど、彼はアクセルを一杯に踏みこんでいる。

　ブラックのオアシスを過ぎると、赤く微細な砂漠に変わった。

　ブラック、セブハ、ムルズックと三本の東西に並行して走るワディ（涸れ河）が並んでいる。ワディにそってオアシスが湧くのである。オアシスに近づくと、忽然とナツメヤシの林が現われる。そして、急に消えて、再び砂漠にもどる。雑然とした人間の色彩が消えると、赤い砂は静寂をとりもどす。

　砂は比較的硬いところと、ゆるやかに流れているところがある。アバルとよばれる、一メートルをこえる大きな草が生えている。この草は雨が一度降ると、四年は緑を維持するといわれている。アバルが生えているところは、側面を削りとられた燭台型の小山になっている。それだけ深く根をはり、ギブリで砂が削られても硬く地中にくいこんでいるのであろう。

フェザン地方のオアシス都市セブハ。リビア革命の核が出来た地でもある。

それぞれの草叢がひとつの小山に載っている。無数の小山が淡い緑をつけて、海の波頭のように連動していく。海面をそのまま歩いているようだ。砂漠は海であり、海であるが故に、地中海とは違った砂上の交通が発達しているのである。

ついに、昼の二時過ぎにセブハに着いてしまった。夕方に着く予定が、飛ばし過ぎだった。途中、障害が一切無かったこともある。今は軍事施設になっている、アラブの城のようなセブハの砦（実際はイタリア植民地政府が造ったものという）が見えてきた。そして、フェザンの州都であるセブハに入った。

町は大きく、現代的なビルが広い道路に面して散在している。オアシス都市といっても、日本人がイメージするように清水をたたえた湖があり、ヤシが影を落としているわけではない。ポンプで汲み上げられた地下水が給水されているのである。町の中央に高層のホテルがあり、パスポートを出すと、そのままチェック・インとなった。意外と簡単である。

昼食後、さらに時間を惜しんで、一六〇キロ西方のジェルマのオアシスに向かった。運転手に申しわけないと思いながらも、ジェルマ（ガラマ――ガラマンテス人の都）の遺跡と博物館を目指した。

内陸リビアはベルベル族や、ベルベル族とアラブとの混血が多いといわれている。ベルベル族は黒人の血の混じった地中海人種であり、体格、容貌ともに変異の幅が大きい。色は黒いが、顔の彫りは深く、細身で背の高い人が多い。ここらはまた、紀元前五世紀に書かれたヘロドトスの『歴史《ヒストリア》』でガラマンテス人が住むと述べられているところである。

　アウラギからさらに十日進んだところに、また塩の丘があり、水や実のなる棗椰子《なつめやし》が多数あることは、他の場所と同様である。ここの住民はガラマンテスといい、きわめて多数の人口を有する種族で、塩の上に土を運んで種子を蒔いている。（中略）ここにはまた後退《あとずさ》りしながら草を食《は》む牛もいる。なぜ後退りしながら草を食むのかといえば、その角が前方に彎曲しているからである。そのために後向きに歩きながら草を食むわけで、前方へ向って進むと角が土の中にめり込むので、それができないのである。そのことと皮が厚く丈夫であることを除けば、他

ジェルマの遺跡は、日干しレンガで造られていた。ガラマンテス人の都だったのだろうか。

の牛と変わるところはない。
　このガラマンテス族は四頭立馬車で穴居エチオピア人狩をする。この穴居エチオピア人というのは、われわれが話にきく限りのあらゆる人間の中で、最も足の早い人種だからである。この穴居人は蛇、とかげ、その他の爬虫類を常食としている。その用いる言語は他のいかなる言語にも似ず、さながら蝙蝠《こうもり》の啼き声のような声を出す。

後退りしながら草を食む牛とか、穴居エチオピア人狩りとか、伝聞とギリシャ知識人の想像力が織りなす、魅力的な記述となっている。
　トリポリの博物館の写真でみたムルズックの岩壁画にも、馬車をあやつる男が描かれていた。ヘロドトスは、別の箇所で、「車に四頭の馬をつなぐのも、ギリシャ人はリビア人から学んだものである」と述べている。いずれにせよ、三千年以上昔に、今ほど砂漠化しておらず、ライオンやハイエナなどが生息していたフェザン地方に、優れた騎馬民族が住んでいたのである。

ジェルマの遺跡は発掘途中で、掘り出された日干しレンガの大きな集落が村のはずれにあった。「テル」(遺丘——何代もの集落が堆積して人工の丘となったもの)を構成しており、日干しレンガの積み重なった各層に家畜の骨が散乱していた。人骨も混じっているのであろうか。

テルの内部を写真に撮りたかったが、できなかった。というのは、リビア国中は撮影禁止になっている。それでも遺跡のなかは、例外的に許されている。だが、ジェルマの遺跡を番する男は、カメラをしまえと命じた。ひとりひとりが権限を行使するので、やりきれない。そのため、ここの遺跡は最初にシャッターを切った写真が一枚あるだけだ。

ついでに言っておけば、リビアでの撮影は「建て前OK、実際は禁止」になっている。カダフィ人権賞委員会に写真を撮ってもよいかと尋ねると、一応「軍事施設以外はよい」と答える。なんとか集団で移動中は、まだ撮影しやすい。しかし、個人が街で写真を撮るとカメラを取りあげられたりしている。三年前には、ホンダの社員がベンガジの海を撮影し、スパイ容疑で三カ月間も、留置された。その後も、在留日本人が写真を撮ることは認められていない。そのため、私は隠したカメラを取り出すときは、いつも緊張するのだった。

オアシス農業とサハラのラッシュ・アワー

ジェルマの帰路、オアシス農業の実態をのぞいてみた。

道路をそれて畑に入っていくと、ポンプ揚水の井戸がある。そこから、大きめの溝が掘られ、その溝に直角に二、三メートルごとに小さな溝が分岐している。大きな溝は小さな溝ごとに塞き止められており、汲み上げられた水は、大きな溝から最初の小さな溝を通って、まずその区画に流れ込み、畑を潤す。次に最初の塞き止めの土手を崩すと、二番目の畑へと水が流れていく。順次それを繰り返していくという仕組みだ。

しかし、地下の水はかなりの塩分を持っており、溝はすべて塩で塗りかためられて白く光っていた。塩の道にそって、塩分に強いナツメヤシの株分けされた若木が植えられている。

ナツメヤシは若木の時に株分かれするのを防げば、後はほとんど世話がいらない。しかも、一本の成木から約一〇〇キロ近くの甘い実がとれる。そのため昔は、この木の実が主食の座を占めていたこともあった。

灌漑状態を調べていると、無断で畑を歩く外国人に心配になったのか、軽トラックに乗って畑の持ち主がやってきた。ムハマッダ・アッハマダ・サーリムさんという。アラビストの荒川さんが同行してくれたので、面接ができる。荒川さんは、かなり正統と違うアラブ語だといいながら、通訳してくれた。この付近、かなたの丘まで彼の農園である。

「こんなに植えて、食べきれないだろう。セブハで売っても、ナツメヤシは余っているのでないか」と聞くと、「車で売りに行く。ベンガジ（二〇〇〇キロほども離れている）まで行くこともある」。また、「冷凍して、後で売って儲けたり、シロップを作って売ったりする」と説明してくれた。

井戸は農場ごとに掘っており、組合からの補助もある、という。

ベルベル系の黒色の美男子は、なかなかの事業家である。オアシス農業に簡単な加工業（缶詰など）と流通がくっつけば、発展しそうである。日本側の経済援助もこんな細かいレベルで行なうことが望ましい。私たちもリビアでコーラを飲むより、ナツメヤシの飲み物で喉を潤したいものだ。

ジェルマ近郊にあった、農場のポンプ動力による井戸。

他のところでは、羊の飼料のウマゴヤシをスプリンクラーで育てていた。その水は、塩気が少ないようだ。井戸も深さで塩分が異なるのであろう。

夕暮れまでオアシス農業を見ていたので、セブハに戻ると夜の九時になっていた。セブハに近付くと、砂漠の道に急に車が多くなった。多いといっても、とき

ムルズックの城。中はベルベル系の人々の民俗展示に使われている。

どきすれちがう程度だが、ヘッド・ライトの光がぼんやりと赤い砂を照らし、幻想的なサハラ砂漠の通勤ラッシュといった風情である。

朝六時に出て夜の九時まで一三〇〇キロを走ったのだった。距離感が狂ってしまいそうだ。

夕食はおいしい豆のスープを飲んだ。若い荒川さんも、私の貪欲な旅に、いささかあきれながらスプーンを動かしていたのかもしれない。

砂漠は情報のネットワークで成り立つ

六月一七日、やはり早朝七時に出発。この日は、さらに一七〇キロ南のムルズックのオアシスに寄ろうと考えた。というのは、タッシリ・ニジェールからフェザンに続く新石器

サハラで出会った羊飼いの少年。１日30キロを歩き、夜は砂の上で眠るという。

時代の石窟壁画のひとつを見ておきたかったからである。

だが、地元の人に尋ねても壁画の場所はわからず、ムルズックの古城を訪ねるしかなかった。

この古城も、丘の上に日干しレンガで建てた砦である。城の中は、地域の遊牧民の民俗博物館になっており、薬やタイコ、結婚式の衣装などが並べられている。驢馬にひかせて汲み上げ、ナツメヤシの幹をくりぬいた樋で給水する古い井戸も置いてあった。ヤシの皮をまきつけた年男《としおとこ》の模型もある。

もちろん見学者はだれもいないので、係の男に薬草の話題から始まって、呪術医のことなどを尋ねた。呪術医が呪文を紙に書き、特殊な植物をとかして、混ぜて飲ませる。病院にも行くが、呪術医にも行くという。いずこも同じ、伝統医療と現代医療の併用だ。

砦を下りてくると、日陰の路上で、甘く渋く泡立つアラブ式紅茶をご馳走になった。親父は例によって、小さな二つの急須と急須の間で茶の湯を巧みに移動させ、ビールのように茶を泡立てている。飲み終えると、もう一杯飲めという。自分の文化に根をおろした人は、やはり親切だ。

帰路も時速一五〇キロで走った。アラブ式紅茶に似た、渋くて甘いアラブ式微笑《えみ》を浮かべてオムラーン氏は運転を続ける。

途中、蜃気楼の中から突然現れた三人の羊遊牧の少年の面接をした。

彼らは持ち物らしいものはほとんど持っていない。一一〇頭の羊と共に、一日三〇キロ近く歩き、夜に羊の乳をしぼって飲み、砂の上に休むという。見かけたベドウィンのテントも訪ねたが、ラクダについて外に出ていたのであろう、人影は見えなかった。

夕暮れ、ナフサの山を越し、ガリヤンに戻ってくると、再び見えたオリーブの緑にホッとする。広大な小麦畑が赤く染まり、オリーブの木の下を羊が帰路を急いでいる。サハラから戻ると、あれほど乾いていると思われたトリポリタニアの緑のしめりに驚かされる。同じ乾燥も、比較によってこんなに違ってみえる。この日も一三〇〇キロ、二日間で二六〇〇キロを越える大旅行を終えた。

こうして旅してくると、砂漠は熱暑とギブリの荒れるところであると共に、交通の海であることが実感される。人間集団が遮らない広い空間は、むしろ交流しやすいともいえる。内陸のセブハもまた、東のサヌーシー教団（後で述べる、リビアにおけるイスラーム原理主義運動）の出たキレナイカ、ナセルのエジプトに通じ、西のアルジェに通じ、南のチャドに通じていたのである。

私たちが思っているほど、そこは僻地ではなく、むしろ砂漠に浮かぶ孤島のゆえに、根源的な情報が飛びかう地であるのかもしれない。砂漠からも革命家が出るということが、すこしだけわかったような気がした。

第七章　シドラ湾の上空にて

国内線飛行機突進作戦

疲れはててサハラから帰ったのに、翌朝は再び六時起きである。あまりの慌ただしさに、フィールド・ノートをつける時間もない。ただメモ紙に、「乾いた草、砂とあらそう、砂嵐二回、ガリヤン、緑の見直し……」といった、後で見ると訳のわからぬメモを移動の途上に書きとめておくだけで精一杯だった。

六月一八日、いよいよリビアの国内飛行機に乗ることになる。「いよいよ」というのは、トリポリ－ベンガジ間の国内線に乗ったことのない者はリビアに行ったことにならない、と商社の人から脅かされていたからだ。

「予約キップを持っていたからといって、飛行機に乗れるかどうかわからない。それに同時刻にセブハ行きも飛ぶ。アラビア語の放送だけだから、着いたところは都市ベンガジではなく、サハラ砂漠かも知れませんよ」とからかわれた。

　国内線のロビーに入ると、五〇人ほどの男が床に寝そべっている。汚れて、土まみれの大きな頭陀袋《ずだ》を持って、うずくまっていたりする。そんな彼らが、搭乗カードを配る気配を察すると、カウンターに突進し、群がるのである。彼らは決して並ばない。待合室を埋めつくして、前に横に押すだけである。強烈な体臭が吹きだし、慣れない私はとても近づけない。

　カウンターの職員は、ときどき並ぶように一応手で合図しながら、彼自身は右や左に気ままに搭乗カードを配っている。右側に渡したかと思えば、何か左の男と話し始め、カードを配るのを止める。そして思い出したように、左の男に搭乗カードを渡す。

　男たちはますますカウンターを押す。チケットを高くかざして唸る者もいる。予約してあっても、この第一の関門で搭乗カード奪取に失敗すれば、第二の関門に進めない。

　私の搭乗を心配して、丸紅トリポリ事務所の飯田弘さんが屈強な見送りを付けてくれた。彼は見事にカードを入手し、すばやく群れを抜け出し、私に緑のカードを持ってきてくれた。

　ともかくも、私はなお騒ぎの続く搭乗手続カウンターを去り、待合室の入口に近づくことができた。

　ここからはひとりである。見送りはいない。しかも、関門はさらに、手荷物検査の入口、搭乗待合室から空港の滑走路に出るところ、そしてタラップと続く。その都度、突入の繰り返しだ。搭乗カードを手に入れた以上、良い席を得ようというのでなければ、そこまでしなくてもいいのではないか。そう思うのが当たり前であろうが、実は安心できないのである。

でたらめな搭乗カードの配り過ぎで、タラップまで辿り着いても、乗れないということになる。そのために、常に前のほうの群れに入っていなければならない。

その上、席に座っていても、政府の有力者が乗りこんでくると降ろされることもあるという。この国は、外国人だからといって優遇してくれない。また、こんなことで朝の飛行機の搭乗が乱れると、その後のカード取りや搭乗は非常に難しくなる。そのため、私は朝の第一便を予約しておいたのだった。

合計四回の突入。いささかうんざりし、汗にまみれて苦しい。それでも独り身の私は、なんとか乗り込むことができた。四〇度を超える暑さのなかで、我慢しながらタラップを見下ろしていると、結局、一五人が積み残されて待合室のほうにもどっていった。突入も必要悪であることが証明されたわけだ。

搭乗待合室に入ってから二時間、ようやく飛行機は離陸した。アメリカはリビアへの航空機のパーツ輸出を禁じている。そのため、リビア航空は国際線に飛行機を回すことに苦労しており——その国際線も、テロ支援国家ということでかなり制限されているのだが——、国内便までなかなか準備できない。私の乗った飛行機もルーマニア航空のチャーター便だった。リビア航空と違ってスチュワーデスが乗っており、心持ち愛想があるかのように思われた。

空にあがると、北アフリカの上空は雲で覆われていた。しかし、その雲は薄く、雨を降らす前に、陽光を白く乱反射させるだけで消えていくのであろう。雲の膜面は、昨日まで疾駆していたサハラ砂漠とよく似ていた。何層かの丘が果てしなく連なり、そして雲は煙をあげて湧き立つ。それは、山と河が太陽に焼かれて崩れつつ、なお砂嵐となって反抗する砂漠と同じだ。

地上の砂漠と、雲の空。人は限りない平面に投げだされると不安になり、自己と世界との関係を解釈し始める。

私たちも機上の人となり、雲の原を漂っていると、ふと世界の創造について考えたくなる。その時、思考は乾いた不安によって快く刺激されている。ましてや、砂漠にひとり立てば、無意識の不安は終わりのない想念を呼びおこし、人は湧きあがる想念を絶つために抽象思考、幾何学的世界、そして絶対的なもの、唯一神を求めるのであろう。

それは、自分の周囲に、時には身体に触れながら、無数の生命を感じる森の環境とは異なる。私たちはアニミズムにふさわしい自然に取り囲まれ、生命の跋扈《ばっこ》に恐怖と快楽を感じてきた。生命の増殖への恐怖の文明と、不毛な乾燥への不安の文明では、人々の環境に対面する心の構えが基本的に違っているようだ。

シドラ湾、リ＝米交戦史

雲間に、シドラ湾が大きな半円を描いて映っている。すでに砂漠に慣れた眼には、白い渚が吹き出した岩塩の帯のように見える。海際から陸を見るのと、内陸のまなざしで海を見るのでは、こんなに違っている。

この白い帯に囲まれた湾こそが、アメリカが挑発し、リビアが憤ってやまない地中海の政治的窪みである。アメリカはシドラ湾の西、ミスラタ沖に海軍演習区域を設定して、軍事演習を繰り返してきた。リビアもまた、湾の上縁を結ぶ線を死の境界線と呼んで、死守を叫んできたのである。

かつて第二次大戦時、この海岸線を通ってエジプトに攻めこんだイタリアとドイツの枢軸軍は、英軍に敗れて引き返している。

一九四〇年、エジプトに侵入したイタリア軍は、翌年に英軍に敗れた。救援に向かったロンメル将軍指揮のドイツ軍も、一九四二年のエル・アラメインの戦いで反撃され、敗走を続けた。そして、翌四三年の英軍（モンゴメリー将軍指揮）のトリポリ無血入城に至っている。そのため、ハイウェイ沿いの海岸線の所どころに鉄条網が張られている。今なお機雷や地雷が埋まっており、危険だからである。

ただし、シドラ湾を舞台にして戦ったのは、独伊と英国だけではない。実は、一九世紀の初めに、リビアとアメリカは戦争をしているのである。

トリポリは、一五一〇年から一五五一年まで、スペインおよび聖ヨハネ騎士団の支配下にあり、キリスト教化されていた。だが、五一年にはオスマン＝トルコ帝国が入り、再びイスラーム化した。一七一一年になって、リビア生まれのトルコ系武将アハメド・パシャ・カラマンリーは、イスタンブールの支配を脱し、トリポリに独立王朝を打ち立てた。このカラマンリー王朝と、独立間もないアメリカが戦ったのであった。

当時のカラマンリー王朝は、強力な艦隊を建造し、トリポリ沖を通過する商船から通行税を取り立てていた。そこで、地中海中部の覇権を唱えたリビアに対し、沿岸諸国は反撃の機会を待っていた。

この戦争を、おせっかいなアメリカが買って出たのである。アメリカは地中海の自由航行権を獲得するために、フリゲート艦のフィラデルフィア号を送りこんだ。戦いの様子を大石悠二氏の『リビア』は次のように物語っている。

この軍艦は三本マストの帆走船で、三六門の大砲を積載し、三〇〇人が乗り組んでいた。旗艦フィラデルフィア号は三隻の僚船を率い、まずスペインの港に錨をおろす。トリポリの支配者はこの挑戦を深刻に受け止め、一八〇一年、アメリカに宣戦布告を発した。米艦隊はシチリア、マルタの両島で食糧と水を補給したのち、一路南下してアフリカの北岸に向かった。リビア海軍の艦影を捜し求めて、雌雄を決めるために。

ところが、この新鋭艦はこともあろうに、拿捕《だほ》という屈辱をなめねばならなかった。アメリカの史家は負け惜しみから、フィラデルフィア号がトリポリ沖で座礁して航行不能に陥ったため、やむを得ず白旗を掲げたと主張している。

昨日までアメリカの誇りだった巨艦は、敗残の姿をさらしながら、トリポリ港に係留された。海を見渡す城塞の露台に、いまも高くそびえるマストは、この不運な米軍艦の大帆柱だと伝えられ、カラマンリー家の栄光を記念している。

米海軍の首脳部は敗北の衝撃からさめると、フィラデルフィア号が修理されたのち、リビア海軍の戦列に加わるかも知れないと危惧した。そのような事態を未然に防ぐためには、敵軍の手中にある味方の船をなんとかして沈めねばならない。

しかし、トリポリ港の防備は固く、赤壁城の砲台が沖合いをにらんでいる。正面攻撃をかけても、成功はとうてい覚束ない。そこで、地中海の米艦は、一か八かの特攻作戦にすべてを賭けた。小型艦イントレピッド号が、この特殊任務に選ばれる。同艦は乗員わずか六〇人、大砲をすべて取り外し、無害の商船に化けた。

米軍艦はリビアの港をめざす。マルタ島で雇った水先案内人は、堪能なアラビア語でカラマンリー海軍の洋上検問を切り抜けた。こうして同艦は荒波を避けるという口実で、うまうまとトリポリ港内にもぐりこみ、捕われの旗艦の近くに停泊する。そして攻撃の時期が到来すると、決死隊が隠れていた船倉から躍り出て、フィラデルフィア号に乗り移った。

わずかな人数の保安要員は、奇襲に驚く暇もなく、たちまち斬り伏せられた。しかし、一人の水夫が舷側から海中に飛びこみ、赤壁城に向かって泳ぎ始めるが、高くうねる大波のために、岸辺までなかなかたどりつけない。ようやく城内が異変を知って、怪しい船に対して砲門を開いた時は、すでに遅かった。

フィラデルフィア号は大爆発を起こし、猛火と黒煙に包まれた。決死隊が艦内の要所に爆弾を仕掛けて、導火線に火をつけたのである。イントレビッド号は任務を果たすと、港外への脱出に成功した。

一夜明けると、赤壁城の城壁下の岸辺には、かつて威容を誇った米艦の残骸が漂着した。そのおびただしい破片にまじって、大帆柱が砂浜に打ち上げられたと伝えられる。

リビア対アメリカの戦争は四年間も続き、一八〇五年にやっと講和条約が締結される。この戦争は米国にとって、ずいぶん高いものについた。新鋭艦のフィラデルフィア号を犠牲にしながらも、リビアの海上支配権を承認せねばならず、それぱかりか赤壁城の穴蔵に押しこめられていた捕虜の釈放のために、六万ドルの身代金を支払わねばならなかった。当時の貨幣価値では、途方もない大金である。

長い引用になってしまったが、戦争を追い続けた記者（朝日新聞社）らしく、軽快な戦記物の語り口になっている。読んでいると、まるで一九八六年四月一五日のアメリカ軍によるカダフィ宿舎爆撃のフィルムを、二〇〇年前に引き戻して、回して見ているような気がしてくるではないか。

リビア－アメリカ戦争は、ペリー浦賀来航（一八五三年）の半世紀前のことである。開国後の日本はいつしかアジアに覇権を唱え、その野蛮な暴力は、次第にアメリカの組織された暴力に押さえこまれていった。こうして見ていくと、一九七〇年代から八〇年代のリビア－アメリカ関係が、ふと太平洋戦争に至る日本－アメリカ関係の縮図のように思えてくる。

アメリカ政治には悪を創造する装置が内蔵されている、と言えるかもしれない。植民と建国の出生の歴史に規定されて、アメリカ的正義（近代ピューリタン的正義のひとつ）は、悪の創造によってますます正義になる性格を持っている。

この分析が正しいとするならば、アメリカは他国――例えば最近のパナマやニカラグア――が悪と思えたとき、相手国の矛盾を縮小させるのではなくて、巨悪にまで高める作用が、自分の側にあることを徹底的に分析しなければならない。他方、アメリカと付き合う側は、アメリカと対比しながら社会的矛盾を自覚すると共に、アメリカ的心理力動《ダイナミズム》には他者を悪に高める力があることを指摘し続けねばならない、ということになるだろう。

スペインやイギリスによる一方的暴力に基づく植民地形成の歴史をへて、アメリカによる正義の解釈に基づく世界秩序の時代に入って久しい。そして今、レーガン前大統領が「悪の帝国」と呼んだソ連が内部で変わりつつあるとき、相手国の社会的矛盾を悪たらしめない国際関係とはどうあるべきか、私たちは考えねばならないだろう。

ベンガジの休息

シドラ湾を眺めながら、砂漠の宗教の性格や、一九世紀初めのリビア－アメリカ戦争を想ったりしているうちに、搭乗のためのダッシュで吹き出した汗もひいていた。

機内は伝統文化と切り離された異質な空間となる。アラブの女性たちが顔のベールをとっている。その顔には、青みがかった入れ墨が彫られていた。眉間、鼻翼の両側、そして下顎部に浮き上がっている。氏族によって違うのであろうか、尋ねるわけにもいかないので、スケッチをしているうちに、ベンガジ空港に着陸していた。

ちょうど一時間の飛行。降り立った昼のベンガジ空港には、箱型に刈りこまれたホウムオウクの樹がイスラーム的な幾何学的陰影を落としていた。

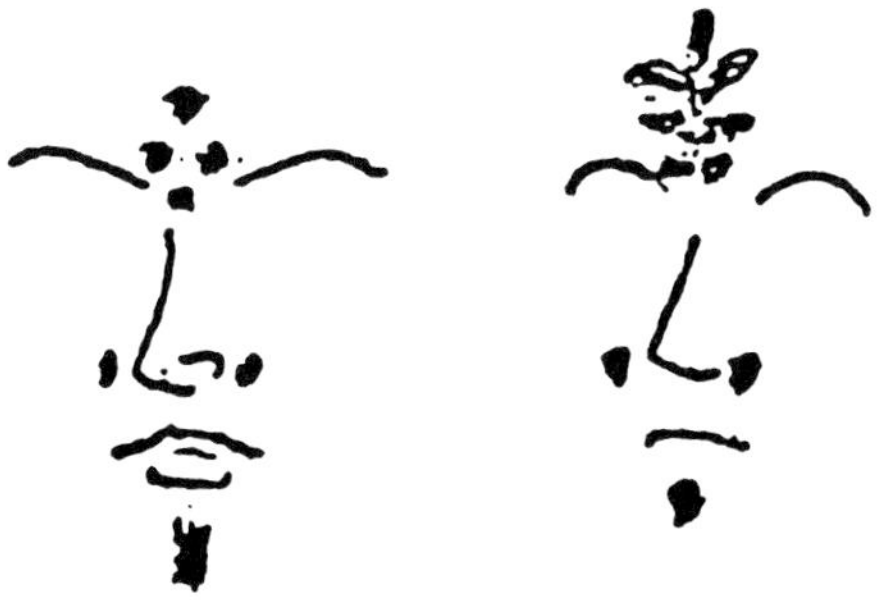

ベールをとったアラブ女性の入れ墨

トリポリからテレックスを打っておいてくれたので、丸紅のキャンプからフィリピン人の運転手が迎えにきていた。

ベンガジの新市街は地中海に面して半円を描いて広がり、よく整理されている。周囲は埋めたてられたものであろう、四つの湖水が市街のなかに取りこまれ、トリポリよりも海が

黒川紀章事務所のデザインによる、ベンガジの新しいアパート群。だが、リビア人は羊の臭いが恋しいという。

より身近に感じられる。

港に接する旧市街は、さすがに車がこみあい、砂漠の国・リビアといえども、まったく進まなくなった。この街は、かつてギリシャの植民地だったころユーヘスペリデスとよばれ、ローマ時代になってベレニスになり、イスラーム化してベンガジに名称が変わっている。

街は、「九月一日革命記念日」――しかも今年は二十周年にあたる――に向けて、白と緑のペンキ塗りや、ホテルの建設が進んでいた。

裁判所の前に、多くの人がごった返している。都市の人口が急増し、治安が悪化し、強姦などが増えているという。

旧市街を通り越し、ベンガジ港を抜けてしばらく走ると、白と薄い青で塗られた美しいアパート群が見えてきた。これは黒川紀章建築・都市設計事務所のデザインによる七〇〇〇戸のアパート群であり、施工は韓国の「大宇」である。そんな話をしているうちに、丸紅ベンガジのキャンプに着いた。

キャンプは海岸に面して広大だが、樹一本なく殺風景なものだった。ここを拠点に、リビア人四人（連絡上級公務員）、日本人六人、英国人技師四人、中国人三五人、フィリピン人六五人、タイ人三人……といった混成で、開発プロジェクトへの参加が行なわれていた。

私はここで、イギリス人技師が速成で醸造し、粉末ホップをきかせたビールもどきをご馳走になったりして、久しぶりに緊張をといてゆっくりと休むことができた。

第八章　キュレーネの遺跡

緑のキレナイカ

六月一九日、朝八時にベンガジを出て、キレナイカ地方を東に向かった。

キレナイカは雨もあり、緑も多い。西のトリポリタニアがフェニキアからローマの植民地であったのに対し、こちらにはギリシャの古い植民都市が点在している。

また、一九世紀になってサヌーシー教団の栄えたところでもある。

サヌーシーは、アルジェリア生まれのムハンマド・ブン・アリー・アッサヌーシー（大サヌーシー）によって、一八三七年にメッカで創設されたイスラーム神秘主義《スーフィズム》教団である。リビアとエジプトの国境地帯、海岸から二五〇キロ内陸に入ったリビア砂漠にあるジャグブーブに本拠をおき、砂漠の交易路を通ってクフラ・オアシス、そしてサハラ一帯のオアシスに修道院《ザーウィア》（壁で囲まれており隊商宿にも砦にもなる）を設立し、広がっていった。

神秘主義とベドウィン部族の結合原理が渾然一体となった教団組織は、周囲のフランス（アルジェ）、オスマン帝国（トリポリ）、エジプトのムハンマド・アリー朝、およびイギリスの諸勢力と対峙したのである。

さらに一九一一年、サヌーシーは、リビアがイタリアの植民地になって以降は、聖戦《ジハード》を宣言し、反イタリア抵抗運動の中心勢力となった。抵抗闘争の英雄であり、リビアの各地にその名を冠した道路や橋がみられるオマール・アル・ムフタールはサヌーシーの有力者であった。

一九五一年の独立に際して、教団の第四代指導者ムハンマド・イドリース・アッサヌーシーが国王となっている。そして今また、イドリースを倒したカダフィに対し、反対勢力の強い地域となっている。

今回の車の運転手は無口なシンガポールの青年だった。彼は比較的ゆっくり走る。時速一〇〇キロの速度なので、私も豊かなキレナイカの風景をひとり楽しむことができた。

途中、アル・マルジ（ギリシャ時代は、バルケといわれていた）の優雅なモスクに寄る。小麦の畑が金色に広がり、ときどき羊の群れが道をよぎる。車にはねられた羊が横たわっていたりする。オリーブ園も少なくない。

アル・ジャベル・アル・アフダル——つまり「緑の山」に近づくと、岩肌の山を松や杉が覆っている。蝉のジージーという声が鳴き止まず、大きな陸亀が道を遮ったりする。山が深くなるにしたがい、樹々も大木となり、樹影が濃い。これまで見てきたリビアとは、全く異なる景観とな

キレナイカ地方――アル・マルジのモスク。

った。

谷をへだててオマール・アル・ムフタール大橋がかかっている。そういえば、この山脈は「砂漠のライオン」といわれた彼が、ゲリラを率いてイタリア軍と闘ったところである。彼は一九三一年九月一一日、この地でイタリア軍に捕らえられ、絞首刑となった。時に、七四歳の高齢であったという。

緑の山脈は、高いところで八八二メートルある。

北アフリカの森のにおいを十分味わった後、道を海側に折れ、車はシャハートへと下っていった。

樹木のなかにキュレーネの南門があった。いきなり道路の左手に、フォーラム（公共広場）の列柱がとびこんできた。

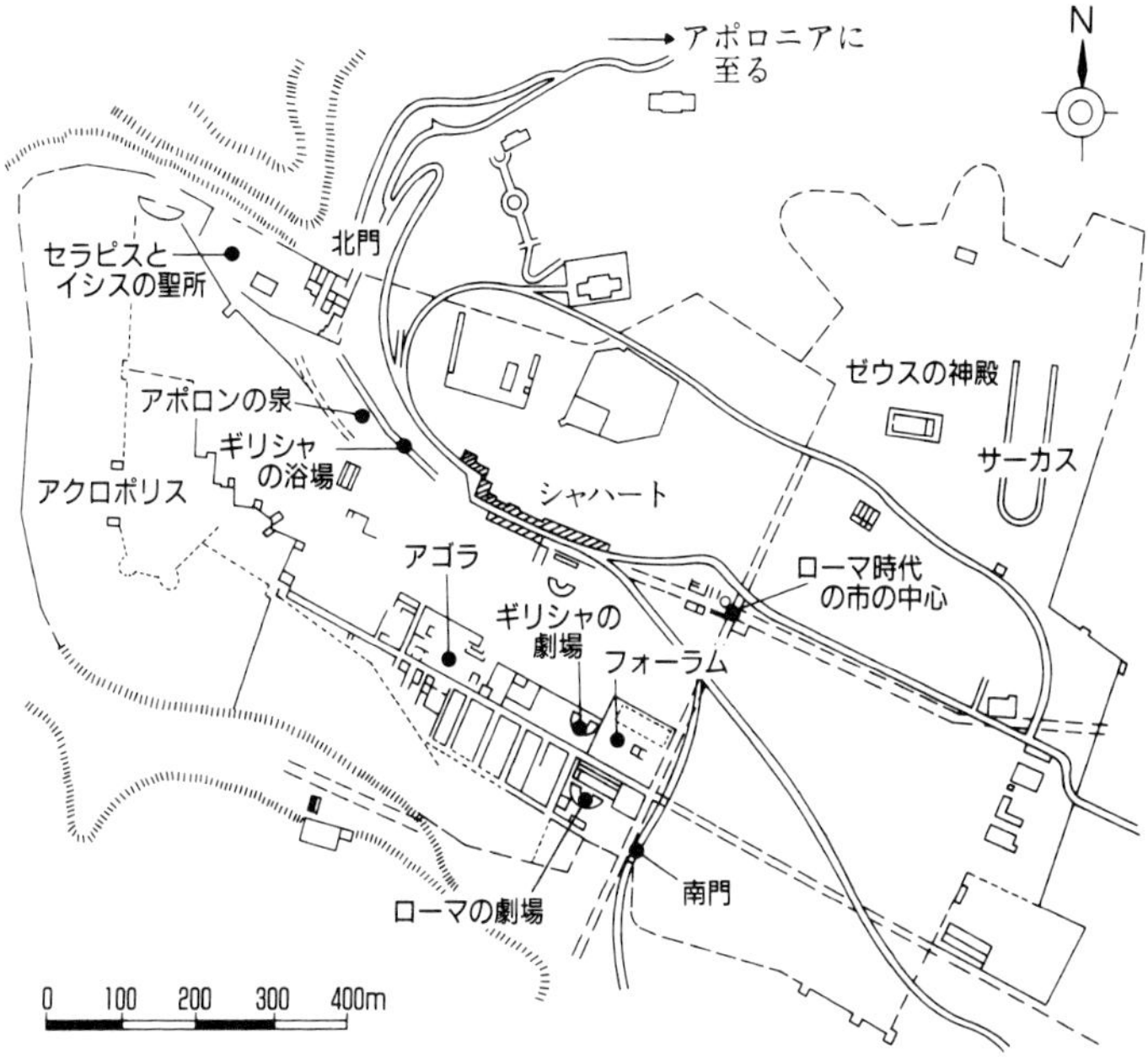

CYRENE　キュレーネ

入口の小さな門は閉まっている。門番も見当たらない。月曜日は閉鎖なのだろうか。

あきらめきれず、丘を後方に登っていくと、遺跡を囲う金網の破れているところが一ヵ所あった。ちょうど向こうの遺跡のなかで、修復の仕事に携わっている男がいる。私は、日本から来たこと、今日しか見る機会がないことを叫ぶと、彼はわかったのかわからないのか、ともかく私が眼をつけていた破れ個所を指さしてくれた。

例によって運転手を車に待たせて、私は金網の穴をくぐりぬけ、フォーラムに入っていった。

このフォーラムはローマ時代のもので、「プロクルスあるいはシーザーのフォーラム」といわれている。東側にポルティコ（前廊）風の入口が立っている。入口近くに「バッカスの祭壇」が残っていた。一九三五年以降、約三〇年にわたるイタリアの考古学者の手によって、ここまで発掘修復されたものである。

フォーラムの後ろ（西側）は、ギリシャ時代の「劇場」（あるいはオデオン）である。規模は、もちろん小さい。

劇場を出て、「ヘルメースとヘーラクレースの長い列柱廊」（一三〇メートルあるという）を通って、ギリシャ時代の「アゴラ」（市場）に踏みこんだ。ここは、ギリシャ人が政治的、経済的生活の中心としたところ。西、北、東と列柱廊の跡がみえる。

アゴラやフォーラムのある区域は丘陵の上のほうにあり、そこから果てしなく石片や円柱が広がっている。頭を落とした石像が、やわらかくローブの襞《ひだ》を風にそよがせていたりする。この遺跡のどこかから、トリポリの博物館にある優美な「キュレーネのヴィーナス」が出たのであった。

遺跡は広大なものであるが、保存はよくない。修復も十分でないのであろう。レプティス・マグナを見た後では、いささか拍子抜けする。

これで終わりかと思って南門を出ると、そうではなかった。この丘陵一帯が、東方の海岸部の丘も、すべてキュレーネの遺跡であった。

車に乗って丘を下りていくと、再び遺跡が現われた。今度は保存修復もよく、いくつかの建物の奥から、勢いよく滝が吹き出している。これこそが、詩人ピンダロスの『ピューティア』第四歌に歌われる泉であり、またヘロドトスの『歴史』に出てくる「アポロンの泉」である。『歴史』には、次のように書かれている。

（ギリシャからの植民に対して）リビア人がもっと好い場所へ案内するといって頼みこみ、ここから立ち退くことを説き伏せてしまった。そこでリビア人は彼らをその地から立ち退かせ西に向って案内していった。途中で一番良い場所を通るときは、ギリシア人の眼に入らぬようにするために、あらかじめ時刻を計算しておいて夜間にそこを通過させた。リビア人が案内した場所はイラサというところである。リビア人はギリシア人をアポロンの泉と称される泉に案内していうには、「ギリシアの方々よ、そなたらが住むのはここがよかろう。ここでは天に穴

があいているからな」(巻四、一五八)。

当時のリビア人の夜の旅の策謀にもかかわらず、天に穴があいた土地は確かに雨量も多く、豊かな土地であった。キュレーネは輝く都市となった。

キュレーネの植民史

ギリシャ神話では、キュレーネはニンフであり、ピンドス山中で父の羊を飼っているあいだに、ライオンを素手で倒す。それを見たアポロンは彼女の美しさに打たれ、彼女をさらい、リビアに連れていって交わり、アリスタイオスが生まれたということになっている。

この女神の都市・キュレーネは紀元前六三〇年ごろに築かれたギリシャ人の植民都市である。その後、前五七〇年ごろにさらにギリシャ人が移動してきて、大きな都市になった。エジプト(アレクサンドリア)のプトレマイオス朝による支配の後、前七四年、ローマ属州キレナイカに編入され、ローマの植民市として発展している。

私たちがキュレーネの名を想い浮かべるのは、ミロのビーナスよりはるかに美しい透きとおる三体のヴィーナス像と共に、ヘロドトスの詳細な記述である。

彼の『歴史』の巻四に、「リビア記」がある。そこには、リビア砂漠の住人、例えば先に紹介したガラマンテス人についての説明なども多いが、キュレーネの植民史について詳しく記録している。

ギリシャの火山島テラにスパルタ人が植民していたが、七年間も雨がなく、デルフォイの神託に従って、リビアへの移住を試みた。移民団はリビア近海のプラテア島に生活し、再びデルフォイの神託を伺うと、やはり「主ポイボス・アポロンは羊飼うリビアの国へ、新しき町を築くべく汝を遣わされるぞ」と託宣を下された。

こうして、対岸のリビア本土に移り、さらにリビア人に案内されて「アポロンの泉」にたどりついたのである。

ヘロドトスは、母市テラの伝説に植民市キュレーネの伝説をつきあわせ、創設者バットスとその子孫にまつわる物語を語っている。それは彼の『歴史』を読んでいただくとして、ここではキュレーネの碑文を紹介しておこう。

碑文には、前四世紀のキュレーネの法令が書かれており、最初の植民者たちの「誓約」が、キュレーネの植民史を簡潔に語っている（碑文は、藤縄謙三教授の労作、『歴史の父ヘロドトス』からの引用）。

植民者たちの誓約

民会において決議された。アポロン御自身が、バットスおよびテラ市民に対してキュレネに植民せよと勧告されたゆえに、ここテラ人は、バットスを指揮者かつ王として派遣し、またテラ市民が団員として航行することを明確に決議する。家ごとに公平かつ平等なる条件にて航行すべく、各家から息子一人を召集し、(約十八字欠)他のテラ人のうち成年に達した自由民も、(六字欠)航行すべきこと。植民者たちが定住地を確保した場合には、家族の者で以後にリビアへ渡航する者は、市民権や役職を共に享有し、無主の土地の分配を受けるべきこと。もしも定住地を確保できず、テラ人も彼らを救援できぬ場合には、苦境が五年に及んだ段階で、その地を去り、恐れることなくテラなる自己の財産へ復帰し、市民となるべきこと。ポリスが派遣しているにもかかわらず、航行を欲せざるものは、死刑を科され、その財産は公共のものとして没収される。かかる者を迎え入れたり、匿まったりした者は、父が息子をであれ、兄が弟をであれ、航行忌避者と同様の罰を受ける。

故国に残留するものと航行して移住する者とは、以上の条件につき誓約を交わし、これに違反して遵守せざる者に対しては、リビアへ植民する者であれ、故国に残留する者であれ、呪いをかけた。男も女も少年も少女も全員が集合して、蠟人形を造り、呪いの言葉を浴びせて、それらを焼いた。右の誓約を守らず違反した者は、本人も子孫も財産も、これらの人形の如く溶け崩れ、他方、この誓約を守る者は、リビアへ航行する者にせよ、テラに残留する者にせよ、本人にも子孫にも多くの福があるようにと。

碑文は、古代の植民がどのような共同体の心構えで行なわれたかを伝えて、興味がつきない。

「蠟人形を造り、呪いの言葉を浴びせて焼いた」といった類感呪術もみえる。どの地の植民ともあまり違わないようだ。

こうして植民されたキュレーネは、リビアの他の地域と異なり、大変に肥沃な土地であった。ヘロドトスは、その豊穣を次のように記録している。

> キュレネ地方は、リビアの遊牧民の住む地域中では最も高い地区であるが、驚くべきことには、同地域内で収穫期が三回もある。先ず海岸地方の穀物が刈り入れを迫り、この採り入れが済むと、次は海岸地帯の上方の、丘陵地《ブーノイ》と呼ばれる中段の地域が収穫を促してくる。この中段地帯の穀物の収穫が終る頃には、最上段の地域の穀物はすでに実り、採り入れを待つ。こうして最初の収穫物が飲み尽され食い尽された頃に、それと時を同じくして最後の収穫物が入手できるのである。このようにして、キュレネ人の収穫期は八カ月にもわたる（巻四、一九九）。

私もまた、収穫期が三回もあるというヘロドトスの記述ほど豊かではないとしても、緑のキレナイカを確認しながら、キュレーネの遺跡にやってきたのであった。

アポロンの聖域とネクロポリス

北門もやはり閉まっている。意地の悪そうな老人が、門の側に横になっていた。

「入ってよいか」と尋ねるが、返事はない。

道路の下に、修復された「トラヤヌスの浴場」が建っている（トラヤヌスは紀元九八－一一七AD に在位、ローマの五賢帝の一人）。さらに向こうに、「アポロンの泉」の水道も見える。どうしても入りたい。老人が制止しないので、小さな扉を押し開いた。私は老人に頭を下げたうえで、走ってアポロンの聖域に飛びこんでいった。

「アルテーミスの神殿」と「アポロンの神殿」が並んでいる。北側には「ヘカテーの神殿」があった。ここにもまた、首を落とされた女性の像が立っていた。起こされた石の上に、人間どもをからかうようなアポロンの顔が載っていた。泉は水量が多く、濃い水藻のゆれる石の水道を、音をたてて流れていた。

ゆっくりと「アポロンの神殿」に腰を下ろし、できれば上のほうに登り、ギリシャの浴場や、先ほど訪ねたアゴラのほうを見上げてみたかった。ところが、遠く入口で、老人が杖をふりあげて怒鳴っている。アラビア語で意味不明だが、おそらく「入るな、出ていけ」であろう。

アポロンの泉の音を聴きながら、一時間ほど、キュレーネの都市景観を体験したいと思っていたのだが、結局、追い出されてしまった。それでも岩陰に隠れ、一、二度シャッターを切ることはできた。

老人に礼をいうと、横に向けた顔をさらに曲げた。

再び坂道を下っていくのだが、カーブする道辺の岩肌に、石柱をかまえた部屋が無数に彫り抜かれている。ここはキュレーネのネクロポリス（墓地）である。一二〇〇を超える墓があると、後日、文献で知った。

すっかり盗掘されて、内部はがらんとして黴くさい。ただし各室は広く、一〇畳ほどもあるだろうか。石室の入口には二、三本の円柱が彫り残され、柱頭にはちゃんとイオニア様式の渦巻きが彫りこまれている。

緑の豊かな丘の斜面に白い岩肌が露出し、そこに地中海の反射光によって焼き付けられたかのように、古代人の凝縮された来世が展開していた。根っからの都市民であった彼らは、死んでも、私たちのように山や海といった自然に帰るとは考えなかった。此の世の都市と同じように、死者たちの都市を造ったのである。

保存の意思が乏しいのであろう、道路は無造作にいくつかの死者の家を壊し、ネクロポリスの真ん中をカーブしながら、海岸に下りていた。

二〇分も走ると、マルサ・スサーの小さな町に出た。

かつてキュレーネの港町であったアポロニアは、この町の東のはずれにあった。

港には、真っ黒に錆びた船が海中に頭を出していた。軍艦のように見える。第二次大戦時の、例えばイタリア軍のものだろうか。人工の汚れを洗いつくし、今はまた静かな藍に返った海で、

ΕΥΤΥΧΩϹ
ΗϹΥΧΙΩ
ΝΑΩ

赤黒い船はうずくまっていた。

アポロニアも、すっかり地中海に沈んでいる。残っているのは小高いアクロポリスの一角のみである。

入口に座る中年の男に断り、門をよじ登って城壁の中に入ったが、崩れた石片が海岸に沿って八〇〇メートルほど続いているだけだった。東側の教会のみが、美しい円柱を残して、小さな地中海の波に向かいあっていた。消え去った都市への、海底の都市への、入口のように見える。わずかに残った大通り跡も、すぐに海水のなかに消えていた。

確かに保存はよくない。しかし、人間は波や風よりも遺跡を壊す。こうしてリビア政府が観光客を締め出している故に、逆にここまで守られているといえるのかもしれない。

あまり海岸線が美しいので、アポロニアを出てラス・アル・ヒラルまでしばらく走った。道路はよく整備されている。海と、白い浜と、樹木のほどよく繁った丘陵が、限りなく続く。擦れ違う車もない道に蜃気楼が揺れ、いつしか車は水と陸の境を滑っているようだった。

このままダルナーへ、トブルクへ、そして国交の回復したエジプトへ、アレクサンドリアへ滑って行きたいと思った。

だが、そういう訳にもいかず、夕暮れのベンガジへ、七〇〇キロのドライブを終えて帰ってきたのだった。

キャンプに戻り、夕食を食べていると、丸紅の津田拓男さんが「取れましたよ」と何の苦労もなかったように、写真入りのパスポートが机の上に置かれた。奇跡的に、「砂漠パス《デザート》」を入手してくれたのだった。

私はサハラに入ることはできたが、石油地域――サハラ砂漠の東のリビア砂漠を見ていない。そこで行なわれている巨大な揚水計画を、できれば見てみたい。こんな無理な願いを、ベンガジに着いたとき伝えてあった。

勿論、それは不可能なことであろう。油田地帯は警戒が厳重で、リビアに入国するのが容易なことではないのに、その上、この地域に入るには顔写真を焼き付けたデザート・パスがさらに必要だ。この国の事務処理力では、とても数日内に取ることは無理であろう。ましてや、一日では。

一応お願いしたものの、あきらめていた。かわりに、リビアの人々が乗るバスに乗り、ベンガジからトリポリまで、早朝から夜まで、一日中バスに揺られてみようか、と思っていた。

非常に努力して取ってくれたのであろう。それには、キャンプの人々の日頃からの良い人間関係が大きな役割をはたしたのであろう。私は心から感謝しながら、サハリ・ジャケットのポケットで、カダフィ人権賞のパスとデザート・パスを擦り合わせた。

夜になると風が出て、プレハブの窓を叩く。海から吹いてくる北風は涼しいが、サハラから吹いてくる南風《ギブリ》は熱暑と砂を伴っている。パリパリ、パリパリと窓ガラスは砂風に弾け続けていた。

第九章　大砂海の地底湖

「虚無」の蛇行と砂漠のキツネ

一日中、砂漠を走っていると、つくづく砂漠は海であると思えてくる。

地図に「大砂海リビア砂漠」と書いてあったが、その通りだ。四輪駆動車で時速一二〇キロ、何時間走っても明るい赤黄色の地平線に蜃気楼が揺れている。

確かに砂は変化する。風化の度合いによって、小さな波の無数の連なりとなり、また小石を並べたモザイクを描き、大きなうねりとなって、凹面と小丘を造る。あるいは乾いた草をのせて波頭となる。しかし、それでもなお大地は同じ色で輝き続けている。自分が立っているところのみが、私の生命を支えてくれているのであって、一歩向こうは虚無の砂に見える。

六月二〇日、この日も私は朝早くベンガジを出た。シドラ湾沿いにアジュダビアまで一五〇キロ走り、それからリビア砂漠に入ってまっすぐに南下してきた。

ベンガジを西に走ると、急に警戒が厳しくなる。油田の多い北東地域は、町の境に必ず検問所がある。自動小銃をもった男が、車のなかを覗きこみ、パスを調べる。昨日取ったばかりのデザート・パスを胸に付け、数カ所の検問を通過して、リビア砂漠に入った。

フロント・ガラスはすこしだけかすんでいる。朝、キャンプを出るとき、日産パトロール車のフロント・ガラスが曇っているのに気づき、運転手にふいてもらったのだった。フィリピン人の運転手は砂漠についてよく知らず、それが砂嵐《ギブリ》によるものとは思わなかった。何度ふいてもとれない曇りは、実は細かい砂で叩かれてついた無数の傷だった。

かすかに曇ったガラスだけで、果てしない虚無を遮断し、ただサイド・ミラーが風を切る音だけを聞いて走り続けている。夜の静寂は知っているが、こんなに明るい真昼の静寂を私は知らない。太陽に焼かれて岩が微細な砂の結晶に変わる、そんな無限の運動の集積が、すべての雑音や活動を吸収してしまうのだろうか。乾いた静止に覆われている。

それでも、時として地平線が盛り上がって見えてくることがある。ギブリがサハラの熱気にあおられて、地平に踊っているのである。それは野火が走るように、吹雪と野火が一緒になったように、砂の粒子と灼熱とで沸き立ち、何層もの縞状になって、地中海側に向かって走ってくる。すると、道は消え、道は砂に洗われる。

道路は流砂の描く斜線の紋様に埋められ、その紋様が砂煙とともに低くなり高くなり、風の足跡を残していく。まるで、巨大な「無」、あるいは巨大な「絶対」が見えない上空を通り過ぎており、その一片一片の鱗が蛇行した砂跡になっていくかのようである。

私と車は、砂漠とエネルギーをもった「無」の間にはさまれて、茫然としている。

リビア砂漠は、フェザン地方のサハラと違って、白い。その白い砂の上にギブリが走り、時として黒い小さな島が浮かぶことがある。四つ、五つ、六つ……島は濃い褐色の波頭となる。コブは連なり、胴体が揺れ、ふと首が見えてくる。動かない。ゆらゆらと揺れて、脚が砂にとどく。それを再び砂嵐が吹き消す。ギブリの煙にうかぶラクダの群れは、じっと動かない。

私は今、ラクダを見つけたのではなく、光、熱、静止したままの動物という、三つが一体となった「時」の姿に出会っていることを知る。


道路からそれ、しばらく砂漠を歩いてみた。しだいに私の車が小さくなり、見えなくなる。位置の感覚がなくなり、不安になる。車が見えなくなれば、私も一粒の砂にしかすぎなくなる。

砂嵐が耳を裂き、露出した手や首に砂がはじけ、刺すように痛い。砂は風で磨かれ、細かい白砂の外皮へと変化する。表面は硬い砂の膜も、膜を破ると踝《くるぶし》まで足が沈む。私のつけた足跡を眼で追っていくのだが、この空に広がる砂漠では、足跡はあまりにも早く消えてしまう。

砂の波がすこし盛りあがったところに座り、遠くを眺めていると、彼方を白い紙のようなものが回転しながら疾駆していった。

それは地表から離れず、地表の流星のように永い尾を曳いて遠ざかっていった。リビア砂漠に住む銀色のキツネ、あるいはその幻想を見ていたのだろうか。

ヘロドトスは紀元前五世紀の此の地に、

尻の白い羚羊《ピュガルゴイ》、（普通の）羚羊《ゾルカス》、ブバリス、驢馬（ただし角のある種類ではなく、それとは別の「水を飲まぬ」種類のもの――実際この驢馬は水を飲まない）、角がフェニキア琴の腕木に用いられるオリュクス（大きな牛くらいある）、小型の狐、ハイエナ、やまあらし、野生の羊、ディクテュス、トース、豹、ボリュス、とかげによく似た三ペキュスもある陸棲の鰐、駝鳥、それぞれ一本の角をもつ小さい蛇……（『歴史』巻四、一九二）。

そして「針鼠」などが生息していたと記している。付け加えれば、家ネコの祖先はリビアヤマネコと考えられている。

私もまた、確かに耳の大きな「砂漠のキツネ」を見ていたのだろうか。それとも、砂漠もやはり汚れ、古新聞があてどもなく転がるのを、生物と夢想していたのだろうか。

私はふと、以前に読んだラピエールとコリンズ作の『第五の騎手』が頭に浮かんだ。

それは、カダフィがアメリカ大統領に対し、パレスチナからイスラエル人を撤退させよ、さもなくばニューヨークに仕掛けた水爆を爆発させる、と脅迫する小説だった。そこでは、アメリカ大統領はイーグルに、カダフィはフォックスに譬えられていた。

　私は意識の底から、あの本に書かれていた「砂漠のキツネ」を浮かび上がらせたのかもしれない。そして、あの幻影が新聞紙であったとするならば、きっと一九八六年四月一五日（アメリカがリビアを爆撃した日）の新聞があてどなくサハラを舞っていたのかもしれない。そんな取り留めもないことを想いながら、運転手の待つ車に戻った。

「大人工河川」にあう

　アジュダビアを出て二五〇キロで、ジャルーのオアシスに着く。さらに一〇〇キロほど南下して初めて、彼方の給水パイプに出会った。

　高さ五メートルほどの土手が直線に続き、まだ接合していないパイプが並んでいる。口径は四メートル、長さ七・五メートル。これで全長一九〇〇キロのパイプライン（つまり二五万三〇〇〇本をつないだライン）を引こうというのだ。こんな砂漠で巨大な給水パイプを見ると、やはり感動する。

　これが、リビアで行なわれている最大の国家プロジェクト「大人工河川計画」である。

　以前から、石油の上には水があると言われていた。試掘の際に、しばしば多量の水が出るからである。

　調査の結果、リビア砂漠には巨大な「化石水」の地底湖があることがわかった。化石水と呼ぶ

サリールの揚水工事（砂漠の地底湖の上にて）。日中は50度近いので陽が落ちてから仕事を進めている。

のは、化石ができた太古の時代から地面に溜まった水の意味である。

当初、リビア政府はこの水をもとに砂漠のただ中に大都市を造ろうと計画していたが、農民は砂漠を恐れるので内陸への植民が困難なことなどを考慮し、計画を変更した。替わって人口の多い地中海側にパイプを引き、海岸部からの農地化を実現しようとしている。

第一次計画では、砂漠のなかのサリール、タゼルボの両地域に二三四本の深井戸を掘り、全長一九〇〇キロのパイプラインでつなぎ、海岸のアジュダビアには直径九二三メートル、高さ九・八メートルの巨大タンクを造り、一日に二五〇万立方メートルの水を給水しようというものである。

リビアの三五〇万人の人口を養うため

に、三〇万ヘクタールの灌漑農地を必要とする。これだけの面積に給水するために、年間三〇億から五〇億立方メートルの農業用水が求められる。計画では、第一次のサリール、タゼルボの揚水だけでなく、フェザン地方のセブハの南（第二次計画）、さらにスーダンに近いクフラ・オアシス（第三次計画）からも水を運び、農業用水の確保、つまり食糧の自給を達成しようというものである。

こうして、一九八三年一一月に、韓国の東亜《トンア》工業がパイプラインの敷設を三三億ドルで落札し、工事が進められてきた。熱暑とギブリの砂漠で、巨大パイプの熔接と埋設は難工事である。かつて南ヴェトナムへ兵士を送った韓国は、今、中東へ経済戦士を送り出している。日本が太平洋戦争から高度経済成長へと、昔たどった道を、年月を圧縮して、上昇志向の強い彼の国も追っている。砂漠の大工事で死ぬ韓国人労働者も多いと聞いた。こうして蓄積した外貨で、韓国はどんな社会を造ろうというのだろうか。日本と同じ爛熟した大衆消費社会であろうか。中東の石油が世界につながっているだけでなく、中東の水もまた、意外なところで世界につながっている。

化石水のシャワー

私はこの日の夕刻、六〇〇キロをこえる砂漠を走り、サリールの揚水現場についた。現場といっても点ではない。一〇キロ間隔に三つのラインが引かれ、それぞれが、五〇キロにも及んでいる。

パイプの埋設などの工事は九〇〇〇人の韓国人労働者によって行なわれているが、深井戸の揚水ポンプの据え付け、電柱や配線工事、発電関係は日本の企業が実施している。ポンプは一・三キロおきに据えられ、一カ所のポンプからは水がふきあがっていた。

すさまじい土煙をまきあげ、乗りあげる土塊に弾みながら、車はキャンプについた。

ここに、ポンプ据え付けを取り仕切る二人の日本人と、二〇人のフィリピン人労働者が働いている。

キャンプにはテレックスもない。突然訪ねてきた汚れた男に、マネージャーの古山泰往さんは一瞬怪訝な顔を返した。ベンガジから持ってきた手紙を読み、「こんな所まで来るんですか」と驚いていた。

私はこのサハラ砂漠の東側の地で、焼けた体に存分のシャワーを浴びた。オアシスの水と違って塩分のない化石水を口にふくんで、水の泡に身をまかせた。

午後の黄色くなった陽光が押し寄せ、私の身体を透過していく。温度はなお四八度である。だが、シャワーに冷えた体は心地よく乾き、今なお砂漠を走り続けているような白昼夢にさそわれる。白い砂の円形の大地を走っている。砂は光を巻きあげて、彼方に去っていく。私はそれを追いかけて、走り続けていた。

夕食は最高のもてなしだった。砂漠の水でつくった氷を浮かせたソーメンを御馳走になった。すっかり砂漠のキャンプが気に入り、一週間ほどいたくなったが、駆け足の旅行ではそうもいかない。

古山さんは、この二月から工事の管理にあたっている。

「流刑地のようなキャンプでの仕事は大変ですね」と尋ねると、「そうでもない」との答えだった。

天候が変わることがないので、計画がたてやすい。酒もなく、女性もいないので、労働者の採め事も少ない。早朝と夕刻に仕事をし、昼間は休む。むしろ東南アジアや南アメリカより、工事はしやすいのではないか、と言っていた。私は彼らの精神の強靱さに、頭が下がるのだった。

夕食後、揚水工事の現場を案内してもらった。その後、隣のキャンプまで行こうと、誘われた。隣といっても、二〇キロ離れている。

車は抵抗の少ないサンド・タイヤをつけているが、砂漠はやすりのようなもので、タイヤの摩耗は激しいとのことだった。

太陽が落ちても工事をしている班がいた。ブラジルの会社だという。工事のために掘られた砂漠を見て、驚いた。砂の二メートルほど下に、二、三メートルの厚さの石灰岩の厚い層がある。サハラもまた海底にあったことを物語っている。

遠くの空に、小さく満月がかかっていた。深夜になっても、気温は一〇度も下がらない。生温

上：サリールの砂漠に埋められた揚水パイプの一端。気温は48度だった。

下：「大人工河川」計画によるサリールの現地キャンプにて。フィリピン人労働者が、日中の疲れを母国の味付けでいやしている。

かい風が、砂漠に浮かんだ孤島であるキャンプを撫でていた。

翌日も、朝五時過ぎに起きて、六時の出発である。夕刻のベンガジ発トリポリ行に乗るために、再び七〇〇キロを走らねばならない。

フィリピン人の運転手は、舗装されていない砂漠の道すら、時速一〇〇キロを出して走り始めた。助手席に乗った私は、ミスラタから帰る途中の事故の悪夢を思い出す。大きな土塊にあたり、車が揺れるたびに冷や汗が出る。たまりかねて、「もうすこしゆっくり走ろう」と言わざるをえなかった。

延々と大人工河川が、サリール地域の道路に沿って連なっている。このような極大の大事業ができるのは、権力の独占あってのことである。しかし、給水ラインができただけでは、農業は成り立たない。農業も、加工や流通システムを作っていかなければ成り立たない。

また、化石水そのものの調査研究、パイプの管理、土壌の塩害対策と多くの仕事が待っている。

これほどの水を汲み上げて、リビア砂漠はどれだけ沈下するのだろうか、その影響は……。

サウジアラビアで地下水を掘り、その水のためビルハルツ住血吸虫（アフリカに分布する住血吸虫。膀胱周辺の静脈に住み、潰瘍癌を起こす）が人々に広がったと聞いたことがある。もしそれが本当なら、地底の水に住血吸虫の中間宿主となる貝が生息しているということになる。地底湖にどんな微生物がいるのかわからない。金属を食うバクテリアの問題もあるだろう。

生態系を変えれば、必ず影響の連鎖に至る。人工河川の開通は、農業によるリビアの自立というよりも、ヨーロッパや日本の科学技術への依存を高めていく面を持っているのではないだろうか。

そんなことを考えながら、何度となくパイプラインを振り返った。

砂漠は再び蜃気楼に揺れ、水に浮かぶ砂洲をしたがえ、砂洲は波形にうねる砂丘となって、彼方に広がっていた。

第十章　第三の「世界理論」

『緑の教典』

行きと同じのダッシュの繰り返しで、なんとか飛行機に乗りこみ、トリポリに戻ってきた。六月二二日朝、アル・ファーテハ大学のダウ・テーバー氏（リビア日本友好協会会長）を訪ね、旅行の報告とリビアの印象を伝え、いつの日かのリビア再訪を約束した。テーバー氏は私のこなした旅程に驚きながら、心から喜んでくれた。入国当初に会ったとき、彼は、「車もなく言葉も通じない旅行は無理だ。次の機会にもっと準備して」と言っていたのだった。許可なく旅したことについて、何も咎めなかった。そして、見事な銀の大盆を贈られた。

私はベンガジに行く前に、リビアの精神病院を訪ねたいとテーバー氏に伝えてあった。アラブ人の自我と近代化の葛藤について、考えてみたかったのである。

テーバー氏は「精神病院の見学は無理だが、医学部の元教授を紹介しよう」と答え、車で都心のグリーンブック・センターに案内してくれた。

この建物は、政府機関のなかでもかなり大きい。社会主義国のマルクス・レーニン主義研究所に匹敵する。否、それ以上の重要性をもった機関であろう。というのは、『緑の書』は遠い故人ではなく現存する革命指導者によって書かれたものであり、マルクス・レーニン主義と同じくその理論はリビアやアラブのみならず、世界に適用されうると主張しているからである。

カダフィは、一九七四年四月、革命から五年たらずの時、革命の停滞に憤り、文化革命を呼びかけた。東方の中国では文化大革命も後期に至り、いわゆる「四人組」が極左路線を突き進んでいたころである。ズワラで行なわれたこの時の演説は、「ズワラ五原則」と呼ばれている。それは、

(1)　現行法律をすべて停止し、イスラーム法に基づく革新的方法で革命を継続する。

(2)　革命の前進を妨げるすべての政治的不健全分子（共産主義、資本主義を説く者及び秘密活動を行なうムスリム同胞団員を含む）の粛清。

(3)　内外の人民の敵に対応するために、軍隊、民兵のほかに人民にも武器を配分する。

(4)　行政機構を革命化し、すべての消極的な官公吏を人民が追放できるようにする。

(5)　文化革命を起こし、すべての外来のイスラームの理念に反する書物を没収し焼却してコーランの教えに道を開く。

というものであった。非常に性急で、革命的テロルに満ちた過激な内容である。

リビア革命の“教典”――『緑の書』

この五原則を実行しつつ、新しい社会体制について述べたのが、ムアンマル・アル－カッザーフィ著、『緑の書』――というより、『緑の教典』といったほうがふさわしいかもしれない――である。

一九七六年に第一章〈政治論――人民権力〉、一九七八年に第二章〈経済論――社会主義〉と第三章〈社会論〉が公表されている。この間の一九七七年三月、直接民主主義にもとづく「ジャマヒリア宣言」が行なわれた（ジャマヒリアとは人民共同体といった意味のカダフィの造語）。

簡単に『緑の書』の内容を紹介すると、次のようになる。

まず、第一章の政治論では、「人民の代表というものはありえない。代表とはペテンであり、議会とは欠席裁判のこと」と述べ、議会制民主主義を否定する。政党やマスコミも他者を代表するものとして否定され、人民会議による直接民主主義のみを主張する。それでは、カダフィ大佐の大演説は人民一人一人の意見とどのような関係になるのだろうか。

とりわけ、第一章を読んでいて理解不能に思えるのは、直接民主主義の理想を説いたかと思うと、突然それがすでにリビアで実現されているかのような記述に変わることである。願望と現状が混同され、願望そのものも上擦った飛翔に満ちている。あたかも、（議会制民主主義を）否定したり、（直接民主主義を）夢想したりすれば、すなわち述語部分のみが情熱的な語りをすれば、主語が自在に変容しながらついてくるような論理になっている。

議会制民主主義を否定し、直接民主主義を主張するのはカダフィとその同志たちであるが、直接民主主義がもし実現されるとしたら、それはリビア社会ないしリビア国家であって、カダフィとその同志たちだけの間のことではない。しかし、『緑の書』の論理では、主語は容易に指導者か抽象的な人民に変貌していくようだ。

いくつかの行為があり、主語もいろいろと変わっていくのに、つまるところ主語は同一人物、例えば私であったり、王子であったり、女神であったりするといった話法は、私たちの夢や、神話・伝説・民話・口碑、あるいは童話によく出てくる。かつて、それはレヴィ＝ブリュル（フランスの社会学者）が「前論理」と述べ、フォン・ドマールス（ドイツの精神病理学者）が「古論理」と述べ、あるいはS・フロイトが無意識の分析で指摘した論理である。

私たちも日常、主語と述語が堅く一対一に結びついたアリストテレス的論理ではなく、主語と述語の関係のあいまいな古論理で生きているところがある。古論理の厚い層の上に、皮膜としてのアリストテレス的論理が載っているといえよう。しかし、古論理は自然との融合や、個人の夢想のレベルで使われるのは良いが、他人の思考を規制し、民族や国家を代表する政治思想に使わ

人民権力の機構

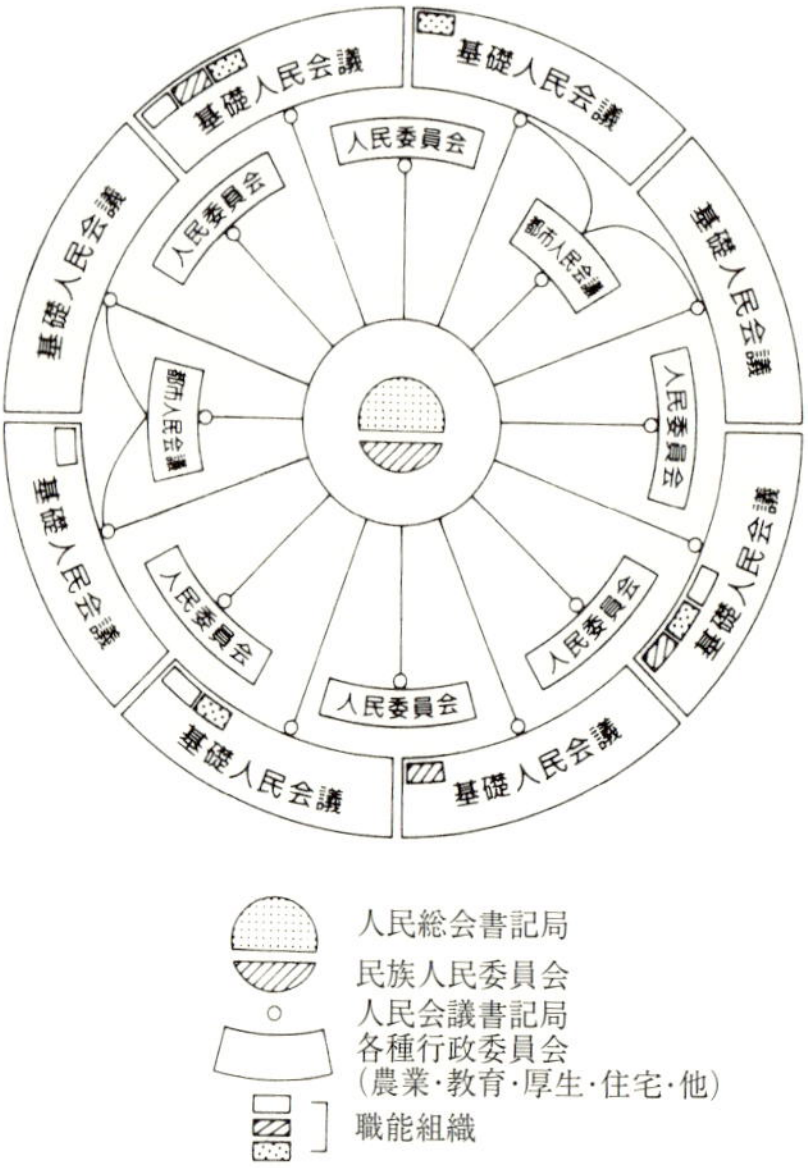

れると、いささか厄介なことになる。これが私の『緑の書』を読んでの印象である。

（註：レヴィ＝ブリュルには『未開社会の思惟』山田吉彦訳〈岩波文庫、一九五三年〉がある。また、シャルル・ブロンデル『未開人の世界・精神病者の世界』宮城音彌訳〈白水社、一九五二年〉に詳しい。フォン・ドマールスについては、S・アリエティ『精神分裂病の心理』河村高信、小坂英世訳〈牧書店、一九六六年〉を参照）

第二章も、第三章も、この古論理が十分に使われているようだ。第二章の経済論では、賃労働を否定し、すべての人は共同参加者《パートナー》であり、「生産者が生産物をみずから消費する」経済を主張する。となると、将来、利潤が否定されることになる。そして、ベドウィンの文化を貫く小所有を絶対視し、「自由は必要のなかに潜んでいる」と述べ、家と車は個々人が持つべきであり、それを持たない者は自由でないという。当然、他人に貸して隷属させることも許されないという。

　第三章の社会論では、人は家族、部族、民族の三層の集団に所属してこそ安定すると述べる。部族については、「部族民に対して、身代金の共同支払い、連帯責任としての罰金、集団的復讐、共同防御すなわち社会的防備などを義務づける」という長所があるという。また、先にふれた女性の男性と違った役割についても述べられている。さらに、直接行なわないスポーツや芸術は、見せ物であるとして否定される。

　いかに、砂漠の部族民的生活が価値あるものとされているかが、この簡単な要約からもわかるであろう。


　こうしてリビアは、議会制度を否定し、直接参加の「基礎人民会議」による決定という、世界に類をみない政治体制に移行した。

　図に見るように、すべての人民はどこかの基礎人民会議に参加することになっている。五〇〇〇人ほどの直接の対話を書記局がまとめ、一つの文章にしていくのである。ここでは基礎人民会議を代表する上級会議というものは存在せず、書記局といえども、ただ対話を一つの文章にまとめていくだけだとされている。

　私は『緑の書』を何度か読んだが、やはりそれがどのように実行されるのか、国家レベルの直接民主主義とは何か、理解できずにいた。

『緑の書』の内容について、リビアの代表的論客と話し合えるのは嬉しいことである。

グリーンブック・センター副所長のサーレム・フデリ博士は小柄な人で、静かな微笑をたたえて迎えてくれた。

フデリ博士との議論

彼はセブハ中学でカダフィの学友であり、「読書家であったカダフィが、非常にわかりやすくアラブの将来について教えてくれた」と語り始めた。

以来、革命に関心を持ち、医学部を出て内科医になったが、今はカダフィの「第三の世界理論」——自由主義でも共産主義でもない、直接民主主義の理論——を深める研究センターの副所長となり、革命運動を続けている。あなたが精神科医でありながら、文化の研究者であるように、人はいろいろな仕事をするものだ、と笑って自己紹介するのだった。

まず、精神科医療についての話に入る。首都に八〇〇病床の精神病院があるが、改築中で見学はできないと、テーバー氏にあらかじめ言われていたとおりに、断られた。

今、リビア人の精神科医は一人しかいない。リビア人の医師は精神科医になることを希望せず、働いている外国人の精神科医はアラビア語を話すことができない。患者もまた精神病院という名前のため、来院を拒む。できれば将来、総合病院の精神科クリニックにするか、精神病院の名前を変えたい、とのことだった。いずこも同じ話である。

彼の話でおもしろかったのは、女性のうつ病である。若い二十歳代の女性のうつ病が、都市で多い。男が女を所有する古い習慣から、若い女性は自立の途上にある。女性は古い価値観と新しい価値観の間で引き裂かれて、うつ病になるという。日本では逆に中高年男性のうつ病が圧倒的に多い。アラブの近代化による精神の変化を、垣間見る思いがする。

精神分裂病については、やはり誇大妄想が多く、軍の指揮官だ、大学者だ、という妄想内容を語る。また、情報機関が監視しているという被害‐迫害妄想も多い、と聞いているという。これもまた、この国のこれまでの政治状況をよく物語っているようだ。

しかし、フデリ博士は精神科医ではないので、伝聞の精神医学の話はそれくらいにして、『緑の書』に話を移した。それからしばらく、楽しい議論が続いた。

『緑の書』は「カダフィ大佐ひとりで書いたものか、革命グループの討議の上か」と尋ねると、「革命後、いろいろな討議があったが、教典は彼ひとりが書いたもの」という。

私は、「カダフィは西欧文化を否定しながら、教典にはジャン＝ジャック・ルソーの『社会契約論』の影響が強いと思う」と問うと、ルソーのみならず、プラトーンやヘーゲルの名前を彼はあげた。「ただし、ヘーゲルは否定的影響である」と答えた。

第二章の経済論については、「一四世紀のイブン・ハルドゥーン（大著『歴史序説』を書いたイスラームの歴史家）の影響があるのではないか」と尋ねると、それには同意した。チュニジア生まれのイスラームの思想家については、同意しやすかったのかもしれない。

　基礎人民会議と書記局の関係など、私の理解の範囲で図示しながら話を続けたが、やはり直接民主主義が実現されるとは思えなかった。

　例えば、直接民主主義で決められる政治のサイズがあり、国家レベルでは無理だろうと疑問を出すと、フデリ氏は、「五〇〇〇人規模の対話でも、書記局が文章にまとめるのは、考えるほど難しくない。一度会議を見てもらえばよい」という。

　私は「パソコン・ネットワークで人々の意見を集計するのはどうか」と結んで、彼を笑わせたのだった。「考慮したい」と彼はうなずいた。


　ひとり旅の緘黙から、久しぶりの議論を楽しんで外に出た。その後、荒川書記官の案内で、情報省の次官や局長と、九月一日の革命二十周年記念日に送る日本芸能団の打ち合わせを行なった。

　ブカール次官は、日本は西欧文明を取り入れながら個性を失っていない数少ない国だと言い、今、一カ月前に出版された『日本人』という本を読んでいると話しかけてきた。近代化と日本モデルは、多くの発展途上国の知識人が私たちに話しかけてくる話題である。しかし私は意味のある個性を創っているとは考えていない。

　すこし疲れて、次官の話をききながら窓の外に目を移すと、センダンの小さな実が象牙色に光って揺れていた。

いないはずのアメリカ人

旅は終わった。

私は一時間ほど海辺の散歩に出た。海は澄んでいるが、藻が多い。都市の汚水のせいだろうか。磯では魚を釣っている少年がいる。カニの身を裂いて針にさし、コルクの浮きを海に浮かべている。ウェット・スーツを着てタコをとっている男もいた。

私は葉肉の厚い蔦状の草を踏んで、海岸の土手を登っていった。いつもと同じく、青年たちが、五、六人とあてもなく建物の陰にうずくまって、静かに話していた。

翌日の早朝、私の出国を心配する飯田弘さんに送られてトリポリ空港に向かった。私はトリポリ在住の飯田夫妻にどれだけ世話になったかわからない。彼はパスポート・コントロールに消えた私が、無事に出発待合室に入っていけるかどうか、空港建物を囲むフェンスの向こうに回って見とどけてくれた。

入国スタンプも、税関書類も持たない私は、やはり緊張していた。招待したカダフィ人権賞委員会では、とっくに私は出国したことになっているはずだ。だが、カダフィ人権賞の招待ビザを見せると、何事もなく、二階の待合室に上がっていくことができた。手をふると、飯田さんも手をあげて合図を返した。

来た時と同じリビア航空機でフランクフルトに向かう。

隣の席に、アメリカ人が乗っていた。なぜアメリカ人が？　驚いて、さらに詳しく聞くと、彼はモービル石油に勤める技術者だという。

アメリカは一九八一年五月以来、リビアと国交を断絶し、八四年末にはリビア在住のアメリカ人の引き揚げを行なっている。その後の渡航は禁止されている。八六年四月の米軍機による爆撃以後、宣戦布告なき戦争状態にある、といってもおかしくない。

しかし、陽焼けした陽気な技術者によると、今もアメリカ人スタッフは一〇〇〇人以上いるという。

「ビザはどうするのか」と尋ねると、彼はパスポートを出して、「見ろ」という。

どこにも、ビザは押していない。

「ビザは別紙にもらう」と付け加えた。

彼らは四〇日ほど砂漠の現場にいて、町の仕事にもどり、そしてアメリカに帰国するというサイクルを繰り返している。

八八年末の化学兵器工場の問題でも、アメリカはすぐ日本の会社名をあげて日米貿易摩擦の腹いせに使っているのに、その裏で石油技術者を送り、リビアの石油を確保しているのか。私は疑問を伝えた。

彼は、「あと二カ月、つまり九月の革命二十周年記念日をへて、アメリカとリビアの関係は変わる。だから日本も心配することはなくなるさ」とうなずいてみせた。調子のよいアメリカ男だ。

機はマルタ島の近くを飛んでいる。この地中海の青い平原で、再びソ連とアメリカが、西欧とアラブが新しい動きを見せ始めている。

私はアメリカ人技術者のたくましい体臭にむせて、窓の外を見た。地中海は光の乱反射で次第に白っぽく消えていった。

引用・参考文献（※印は本文中に引用したもの）

Bianco, M.: *Kadhafi; Messanger du Desert*, Stock, Paris（1974）
※H・ビュルガープリンツ『ある精神科医の回想』福田哲雄訳、佑学社（一九七五）
※中東調査会『ジャマヒリア――革命の国リビアの実像』（一九八一）
Davis, J.: *Libyan Politics*, I. B. Tauris & Co. LTD, London（1993）
Evans-Pritchard, E. E.: *The Sanusi of Cyrenaica*, Oxford University Press（1949）
First, R.: *Libya—The Elusive Revolution*, Penguin Books（1974）
※S・フロイト「否定」――『フロイト著作集3』人文書院（一九六九）所収
※藤縄謙三『歴史の父ヘロドトス』新潮社（一九八九）
Goodchild, R.: *Cyrene and Apollonia—an historical guide*, The Department of Antiquities, Socialist People's Libya Arab Jamahiriya, 4th edition, Tripoli（1981）
Haynes, D. E. L.: *An archaeological and historical guide to the pre-Islamic antiquities of Tripolitania*, The Antiquities Museums and Archives of Tripoli, Libya（1965）
※ヘロドトス『歴史』松平千秋訳、岩波文庫（一九七一）
※ムアンマル・アル・カッザーフィ『緑の書――アル・キターブ・アル・アフダル』藤田進訳、第三書館（一九八〇）
片平爽『ワディ・アル・ラヴィ』勁草書房（一九八九）
黒田美代子「緑の書とリビア革命」――中東調査会編『イスラム・パワー』第三書館（一九八四）

※D・ラピエール&L・コリンズ『第五の騎手』三輪秀彦訳、早川書房（一九八六）
宮治一雄『アフリカ現代史V』山川出版（一九七八）
野田正彰「精神科医が歩いた〝虐殺の野〟」――『文藝春秋』（一九八九年六月号）、『国家とマロニエ――日本人の集団主義と個の心』新潮社（一九九三）所収
野間寛二郎『差別と叛逆の原点』理論社（一九六九）
※大石悠二『リビア』みずうみ書房（一九八一）
※最首公司『アラブの新しい星』弘報出版（一九七二）
佐々木良昭『リビアがわかる本』ダイナミック・セラーズ（一九八六）
※杉山博敏「恐怖のリビア獄中記」――『文藝春秋』（一九八七年三月号）所収
※谷泰・石毛直道「フェザンにおけるオアシス農業と遊牧生活」――山下孝介編『大サハラ』講談社（一九六九）所収
※ボブ・ウッドワード『ヴェール――CIAの極秘戦略1981-1987』池央耿訳、文藝春秋（一九八八）

【リビア史年表】

原リビア人の時代

後期旧石器時代　ダッバ文化：キレナイカ地中海沿岸を中心とする文化が、ハグフェト・エッ・ダッハやハグフェト・エッ・テラで見つかっている。

中期旧石器～中石器時代　ハウア・フテアー洞穴遺跡（キュレーネの東三〇km）に、リビコ・カプサ文化。

新石器時代　岸壁画がサハラで点在している。〈岸壁画は第Ⅰ期：円頭人の時代（六〇〇〇BC～）。第Ⅱ期：牛の時代（三五〇〇BC～）。第Ⅲ期：馬の時代（一二〇〇BC～）――ガラマンテス国の都ジェルマにも馬と戦車の岸壁画がある。第Ⅳ期：ラクダの時代（二〇〇BC～三〇〇AD）と時代区分される。〉

エジプト中王国時代のセティⅠ世、ラムセスⅡ世、メルネプタハ、ラムセスⅢ世の時代の記録にリビアとエジプト人との戦闘が記されている。

フェニキア・ギリシャ・ローマの時代

一〇〇〇BC　レバント地方のフェニキア人がトリポリタニアに貿易拠点を求める。

八〇〇～七〇〇BC　フェニキア人がリビア西方にオエア（今のトリポリ）、サブラータ、レプティス・マグナの三都市を建設。

六三一BC　ギリシャ人がリビア東方のキレナイカ地方にキュレーネ、アポロニア、バルカ、ベレニス（今のベンガジ）、トワラに植民都市をつくる。

BC六世紀末　トリポリタニアはカルタゴ（現在のチュニジアにあったフェニキア人の都市帝国）の支配下に入る。

二六四～二四一BC　第一回ポエニ（ラテン語でフェニキア人の意味）戦争。

二一八～二〇一BC　第二回ポエニ戦争（ハンニバル戦争）。

一四九～一四六BC　第三回ポエニ戦争、カルタゴ滅ぶ。

BC一世紀頃　ローマ帝国の植民都市になる（トリポリタニアは属州アフリカに組みこまれ、キレナイカはローマ帝国の一部になる）。

	一九三〜二一一	レプティス・マグナ出身の軍人セプティミウス＝セウェルスがローマ皇帝となる。
	三九五	ローマ帝国、東西に分裂。（四七六年、西ローマ帝国滅ぶ）
内戦	五C	ゲルマン系のヴァンダル人が侵入。四二九年、カルタゴの故地にヴァンダル王国を建国、内陸の原住民と争う。
	五三四	ヴァンダル王国、ビザンチン帝国（ユスチニアヌスI世）に滅ぼされる。
アラブ化の時代	六四二	エジプトのオマル・イブン・アル・アース、キレナイカに侵入し、ビザンチン軍と戦う（アラブ第一回リビア遠征）。
	六四四〜六四五	アラブの第二回遠征で、トリポリもアラブの支配下に。イスラーム教とアラビア語が普及。（イスラーム軍は七一一年にはジブラルタル海峡をわたって、イベリア半島へ侵攻）
	一一C	エジプトからバヌー・ヒラール族、バヌー・スライム族が移動し、原住ベルベル人との混血、アラブ化が進む。
	一三〇七	オスマン・トルコ国の建設。一四五三年、トルコ、東ローマ帝国を滅ぼす。
	一五一〇	スペイン軍、再征服（レコンキスタ）の余勢でトリポリを攻略し、大虐殺。
	一五三〇	スペインは、トリポリを聖ヨハネ騎士団（マルタに本拠地）に割譲。
トルコの時代	一五五一	トルコ軍（スレイマンI世の在位）、トリポリ占領。
	一七一一	トルコ役人であったカラマンリーによる王朝の成立（〜一八三四）。
	一八〇一〜〇五	リビア－アメリカ戦争。
	一八三四	トルコ、リビアを再支配。
	一九一一	イタリア、トルコに宣戦布告し、トリポリ侵入をはかる。
	一九一二	オーチー条約により、イタリアはトリポリ、ベンガジ、デルナなどを支配。リビア各部族の抵抗つよ

時代	年	事項
イタリア植民地の時代		まる。
		（一九一四～一八年、第一次世界大戦）
		（一九二二年、イタリアにファシスト政権）
		イタリアはトリポリタニアとキレナイカをあわせて植民地化する（一九四〇年にトリポリタニアに九万人、キレナイカに五万人のイタリア農民）
		サヌーシー教団の抵抗、オマル・アル・ムフタールの反イタリア闘争（一九三一年、捕まって処刑される）。
	一九四〇	リビアのイタリア軍、エジプトに侵攻。第二次大戦時、独伊軍と英軍が戦う。
リビア王国		（一九四二年、カダフィ、シルテ砂漠のベドウィンのテントに生まれる）
	一九四三	トリポリタニアとキレナイカにイギリス軍政、フェザンにフランス軍政。
	一九四九	一一・二一　国連総会でリビア独立を決議。
	一九五一	一二・二四　リビア連合王国（トリポリタニア、キレナイカ、フェザンの連邦制）。国王はサヌーシー教団の指導者、ムハンマド・イドリース。
		（一九五二年、エジプト、自由将校団の革命。一九五四年、アルジェの武装蜂起。一九五六年、エジプト〈ナセル大統領〉、スエズを国有化）
		（一九五七年、カダフィ、セブハ中学入学）
	一九五九	六月　エッソ（USA）によりズリテン大油田発見。一九六一年、原油生産開始。
		（一九六三年、カダフィ、軍学校入学。自由将校団結成）
	一九六三	連邦制を廃し、リビア王国に。
革命リビア	一九六九	九・一　カダフィ大尉を中心とする青年将校団による無血革命。リビア・アラブ共和国に（カダフィは革命評議会議長、内閣は文民政府）。
		一一月　銀行の五一％国有化。
		一二月　クーデター計画が発覚。反革命弾圧法公布。英・米と基地撤退交渉成立。

革命リビア

一九七〇	一・一六	カダフィ、首相兼国防相に。
	一・一九	カダフィ演説「対イスラエル戦に近い将来参加」
	六月	セブハでクーデター計画が発覚。
	六・一一	米軍、基地を撤退。
	七月	石油製品国内販売会社の固有化。
	一一月	リビア、エジプト、スーダン三国同盟。トリポリ憲章発表。
	一一・二四	大統領制への移行のための国民投票実施を声明。同時にカダフィ不出馬を声明。
	一二月	イタリア人締め出し。
	（九月	ナセル・エジプト大統領死亡）
一九七一	三・二八	石油交渉中断。カダフィは強硬発言「われわれはいつでも石油供給をストップすることができる」
	四月	石油値上げ交渉妥結（トリポリ協定）。
	六・一二	カダフィ演説「アメリカあるいはソ連の支持なしに生きることのできない国は地獄に落ちろ」
	七・一二	モロッコでクーデター未遂。カダフィ、それに対し再決起呼びかけ。
	七月	スーダンの反クーデター支援（共産化阻止）のため、BOAC機を強制着陸させる。
	一二月	ブリティッシュ・ペトロリアム国有化。
一九七二	五月	「アラブ社会主義連合」以外の政党に属するものは死刑と布告。
	六・一一	アイルランド共和国軍（IRA）への武器資金援助を声明。
	七月	カダフィ首相辞任。ジャルード新内閣発足。
	八・二	リビア－エジプトとの完全統合（七三年九月一日を目標）の合意。

革命リビア

一九七三	二月	イスラエル、リビア旅客機を撃墜。
	四月	カダフィ、文化革命を呼びかける――「ズワラ五原則」
	七・一八	エジプトとの統合促進を求め、リビア・デモ隊、エジプト国境へ。
	(七・二〇	日航ジャンボ機乗っとられ、ベンガジ空港で爆破)
	八月	石油会社オアシス・グループ、オクシデンタル・グループ五一%国有化。
	九・六	カダフィ、非同盟諸国会議でカストロ批判。
	九・二七	カダフィ、エジプトとの完全統合を求め、カイロに居座る。
	一〇月	第四次中東戦争（一〇月戦争）。
一九七四	一・四	英紙「ローマ空港襲撃をはじめ、世界のテロリスト・グループの背後にカダフィ」と報道。
	四～九月	カダフィ、革命専念のため評議会議長の職務をはなれる。
	四・二一	エジプト紙「カダフィは狂人」と論評。
	八・七	エジプト、カダフィ解任を要求。
一九七五	五月	コスイギン・ソ連首相、リビア訪問。
	八月	クーデター計画が発覚。モヘイシ計画相、国外逃亡。
	(八・八	日本赤軍、クアラルンプールの日本大使館を占拠し、犯人らは日航機でリビアに送られ、解放される)
	九月	基礎人民会議の導入。
一九七六	二月	フランスより六〇〇メガWの軽水用原子炉を買う。
	二・八	英紙「カダフィはテロリストのカルロスにOPEC襲撃の報酬を払った」と報道。
	五月	カダフィ、エジプト国民にサダト打倒を訴える。
	七・二二	サダト、「リビアの狂人」演説。

革命リビア

一九七七	一二月	カダフィ、ソ連を訪問。
	二～三月	臨時全国人民会議（セブハ）。ジャマヒリア宣言。
	七月	エジプトと軍事衝突。一一月に絶交。
	一二月	ソ連軍事代表団、リビア訪問。
一九七八	三月	全国で基礎人民会議が開かれる。
	三・二九	米紙「カダフィ暗殺未遂」報道。
	五月	住宅法、徴兵法公布。
	九月	企業の人民による接収はじまる。
一九七九	三・一	カダフィ、全国人民会議議長を辞任。直接民主主義へ移行。
	九・一	カダフィ、在外リビア人に在外リビア大使館占拠をよびかける。
	一二・一	米国大使館にデモ隊が侵入、放火。
一九八〇	一月	中国との経済絶交（一九七八年八月に国交樹立したばかりだった）。ＰＬＯ（ファタハ）と関係絶交。
	二月	フランス大使館にデモ隊侵入。
	四月	東のトブロクで騒擾説。カダフィ、「海外に住むリビア人は帰国せよ。帰らぬ者は抹殺する」と演説。カダフィ批判のリビア人ジャーナリスト、ロンドンで暗殺される（四・一一）。在外リビア人暗殺事件続発。
	五・一四	スイス紙「リビアで大粛清」と報道。
	（七月	米で、ビリーゲート事件問題化）
	八月	リビア海軍がマルタの石油採鉱を妨害。トブロクでクーデター説。

革命リビア

一九八一

一〇・二九　イラン・イラク戦争でサウジと絶交。
一一・六　チャド内戦に介入。
一二・二九　韓国と外交関係樹立。

（一月　米にレーガン政権）
四・二八　カダフィ、訪ソ。友好条約実らず。
五・六　米、「テロ支援」を理由に、在米リビア外交官全員に退去令。
七・二七　ニューズウィーク、CIAによるリビア政権転覆計画を報道。
八・一九　米戦闘機、リビア機二機を撃墜。
八・二一　カダフィ　領海防衛、戦争も辞さずと激しく米非難。
八・二四　サダト大統領、「ドン・キホーテに死を」と発言。
八・二九　ニューヨーク・タイムズ、CIAのカダフィ毒殺計画を報道。
九・八　非同盟中立を放棄し、ソ連との相互防衛友好条約締結。武器供与と港湾施設利用協定を結ぶ。
一〇・五　サダト・エジプト大統領暗殺。リビア市民熱狂。
一一・二六　リビアの暗殺団、米に潜入説（一二・三も同じく潜入説）。
一二・六　米、「暗殺団潜入の強力な証拠あり」と声明。
一二・一〇　米、リビアの在住アメリカ人（石油技術者など一五〇〇人）に退去を要請。リビア向け旅行を禁止。

一九八二

二・二六　米、リビア原油輸入禁止の経済制裁。
七・五　カダフィ、「敗北より自決を」とPLOにメッセージ。
一〇・一〇　カダフィ、中国を訪問。
一一・一六　英紙、カダフィ暗殺未遂を報道。

革命リビア

一九八三	二・一八	米ABC放送、リビアのスーダン政権転覆計画を暴露。
	七月	チャド内戦が国際化。
一九八四	四月	在英リビア人民代表部で銃撃事件。英は対リビア断交。
	五・八	反体制グループ、カダフィ暗殺未遂事件。
一九八五	一一月	ワシントン・ポスト、CIAによるカダフィ政権転覆を暴露。
	一二月	ローマ、ウィーンの両空港でパレスチナ急進派（アブ・ニダル）がテロ。米人ら一八人死亡。米は背後にリビア関与を非難。
一九八六	一・七	米、対リビア経済制裁。
	一・一二	カダフィ「レーガンをリビアへ招待」発言。
	一・二四〜二七	米、第六艦隊、リビア沖で第一回軍事演習。
	一・二八	カダフィ、イタリア首相に「欧州内でのテロをやめさせるかわりに、米の軍事攻撃なしの保証を」と書簡。
	三・二四	シドラ湾で米・リビア交戦（リビア警備艇が撃沈され、ミサイル基地も破壊される）。
	三・二八	カダフィ、「米機三機を撃墜し、米に屈辱を与えた」と演説。集会でレーガンに見立てた牛を殺す。
	四・二	ギリシャ上空でTWA機爆発（米人など四人死亡）。
	四・五	西ベルリンのディスコで爆破テロ。米兵を含む二人死亡し、二三〇人が負傷。米は「リビア関与の確証あり」と声明。
	四・一一	米空母、リビア沖に結集し、臨戦態勢。カダフィ、「米が攻撃すれば、南欧の都市を狙う」と警告。
	四・一五	英基地と地中海の第六艦隊から出撃した米軍機が、トリポリ、ベンガジ周辺を爆撃。リビ

		ア放送、「カダフィ元首のテントが攻撃され、家族が負傷」と報道。リビアはイタリアの米軍基地に報復発砲。
	四・二〇	西欧各地で反米デモ。
	四・二七	ローマ紙、「トリポリから砂漠のホーンに首都移転の計画か」と報ずる。
	五・六	東京サミットで「リビアのテロ非難声明」。リビアは全アラブに聖戦を訴える。
	五・九	日本大使、中東政策は不変とリビアに伝え、東京サミットの弁明。
一九八七	二・二二	ニューヨーク・タイムズ・マガジン、米の八六年四月のリビア爆撃はカダフィ殺害計画と暴露。
一九八八	三・三	カダフィ、刑務所の門を破壊して恩赦（四〇〇人の政治犯を釈放）。
	九・一四	米国務省、「リビアが化学兵器を開発し、製造に乗り出せる態勢にある」と発表。
	九・一五	米、「日本の機械やプラントが化学兵器工場に使われている公算があるので調べるよう」、日本政府に照会。通産省が聴取に。
	九・一六	リビアは米発表を否定。
	一二月	米パンナム機、スコットランド上空で爆破される。乗員二五九人、また地上で一一人、合計二七〇人が死亡。日本人乗客一人も含まれる。
	一二・二二	米、「化学兵器工場への攻撃の可能性を検討」と発表。
一九八九	一・三	米、空母ルーズベルトを中心にした海軍機動部隊を地中海に。
	一・四	米、リビア機二機を撃墜。
	一・一三	西独、リビア化学工場建設に西独企業関与を明らかにする。
	六・一一	カダフィ人権賞を南アのネルソン・マンデラに。
	六・三一	エジプトとの国境が開かれる。

革命リビア

	九・一	革命二十周年祭典。
	九月	ニジェール上空で仏UTA航空機爆破テロ（一七〇人死亡）。
一九九二	三・三一	国連安全保障理事会、パンナム機爆破事件容疑者四人の引き渡しを求めて対リビア制裁決議七四八採択。四・一五発効。
	六・二三	リビア全人民会議、革命評議会、カダフィ大佐の批判にもかかわらず、パンナム機爆破容疑者の引き渡し決議。
一九九三	一一月	国連安保理、対リビア制裁強化決議八八三採択。
一九九六	六月	カダフィ、国連安保理決議（航空機の相互乗り入れ禁止）を無視し、アラブ首脳会議出席のため専用機をエジプト（カイロ）へ乗り入れ。安保理は非難声明。
一九九七	五月	カダフィ、国連制裁決議を無視して、ニジェールとナイジェリア訪問。
一九九八	一一月	日本リビア友好協会友好使節団（柿沢弘治団長）リビア訪問。
一九九九	三月	パリの重罪裁判所、仏UTA航空機爆破事件でリビアの工作員六人を欠席裁判によって終身刑に。（五月、リビア政府、遺族への賠償金二億フラン、約四〇億六八〇〇万円を送金）
	四月	リビア政府、南アフリカ共和国のマンデラ前大統領の仲介により、パンナム機爆破事件の容疑者の引き渡しに応じる。ただちに国連安保理、対リビア制裁の停止発表。
	一二月	日本政府、九三年の国連安保理決議以降、空席だったリビア大使を決定。
二〇〇一	一・二〇	国連人権委員会、リビアのジュネーブ大使を議長に選出。米は激しく反発。

革命リビア		
	二・一	オランダでの法廷でパンナム機爆破事件の二被告に判決（一人に終身刑、一人は無罪）。
二〇〇三	八月	パンナム機爆破事件で、リビア政府は遺族に二七億ドル（三二〇三億円）の補償金を分割して支払うことを米英政府と合意。仏はＵＴＡ機爆破事件の遺族補償との差に反発。再協議に。
	九月	国連安保理、対リビア制裁の解除。
	一二月	リビア政府、核を含む大量破壊兵器の開発計画の廃棄、国際査察団の受け入れを発表。
二〇〇四	四月	カダフィ大佐、ブリュッセルのＥＵ本部を訪問。
	八・一〇	西ベルリンのディスコ爆破事件で、リビア政府はドイツ人犠牲者（約二〇〇人が負傷）に三五〇〇万ドル（三八億七〇〇〇万円）支払うことに合意。

旧版あとがき

私は、いつか紀行文を書いてみたいと思っていた。かつて『狂気の起源をもとめて――パプア・ニューギニア紀行』（中央公論新社、一九八一年）を書いたとき、あれも確かに紀行文風ではあったが、やはり比較文化精神医学の報告書を書いているという気持ちの制約があり、旅の想いに乗って自由にペンをすべらせるわけにはいかなかった。

紀行文とは、旅の体験、見聞、印象などを書きつづったものとされている。おそらく昔は、余人の行くことのできない地方の記録や地誌に意義があったのであろう。時代は移って、かならずしも冒険的な旅でなくとも、文章表現の美しさを競うようになった。とりわけ日本では、紀行文とは修辞にあふれた美文とみなされがちであった。

そのために、その地方に関する社会科学的な考察はもっぱら論文のスタイルをとり、紀行文と論文とは乖離したままになっている。その乖離が比較的少なかったのは、唯一、民族学者による民族誌である。民族学者だけは、論文のスタイルのなかに、村の美しい景観や人間関係の物語を混ぜることが許されていた。だが、民族学者は閉ざされた小さな村落にのみ関心をもち、政治的、経済的に変化する現代にあまり注意をはらわない。

しかし私は、自分が現代に生きる人間として、できるだけ全体的に旅をしてみたい。作家であり、社会科学者であり、探検を好む者であり、あるいはまた比較文化精神医学者として、私の眼と頭に映るものを、そのまま書きとめておきたい。

そう思って、旅ごとにメモしたフィールド・ノートが何冊も積み重なっている。文化大革命後の中国の旅、朴政権が倒れた直後の戒厳令下の韓国の旅、タイの国境地帯、ブータン、インド、カンプチヤなどの旅、精神病院を訪ねてまわったヨーロッパの旅……数えきれない旅のノートが本棚に重なっている。かといって、こんなノートをそのまま公表するわけにはいかない。人は私の感情過多な思いこみに辟易するだろうから。

たまたま一九八九年六月、外国人が入国することの難しいリビアを旅行することができた。リビアについてなら、私の多元的記述スタイルで紀行文を出すことが許されるだろう。『リビア新書』と名付けたのは、一つの地域をできるだけ文化的、政治的、経済的に理解しようとした新しい紀行文の意味である。ヘロドトスの『歴史』のリビアの記述より、私の本はリビアについての新書である。

しかも、この国は写真撮影を一般的には認めていない。緊張してカメラを取り出したことも多い。私の撮った写真は、リビアに滞在したことのあるビジネスマンから貴重なものであるといわれた。また、地中海の古代遺跡を研究している学者からも、写真を求められた。私は、資料のための写真は自分で撮ってきた。これまで出してきた本の写真は、自分で写したものである。できればいつか、素人の撮った、しかしその撮った対象そのものに意味のある、写真集を出したいとも思っていた。そこで、写真を多数入れた、新しい複眼文体の紀行文が出せることになったわけである。

こうして出版された本は、だれでも読むことができる。ペンを置くと同時に、本は一人歩きし始める。だが、私はこの本を不特定の人に向けてではなく、私の好きな人に、旅で世話になった人に、私の現代世界に対するまなざしを伝えるために書いたのだった。最も美しい文章——修辞にこった美文の意味ではない——は、相手のことを思いつつ、それをぼかして書かれた手紙だと思っている。私もまた、この本を心のなかで想っている人びとに届けることにしよう。

リビア紀行は、わずか三週間の超スピードの旅行のなかでの思索である。私の心の眼に映った景色を、そのまま流していったものである。長く滞在すれば逆に、このような流れてやまない紀行文は書くことができなくなる。とはいっても、まだまだ体験したいことが多くある。

カダフィ大佐や革命委員会のメンバーと、ゆっくり話しこんでもみたい。秋の基礎人民会議を覗いて、直接民主主義の実状を知りたい。農業やセメント工場など他の工業についても見てみたい。また、遺跡については、古代ギリシャとローマの遺跡にかたよっている。サハラの岩壁画のいくつか、アラブのキャラバン・サライなど訪ねてみたい。あるいは、ジャグブーブのサヌーシー教団の中心オアシスにも足をのばしてみたい。そして、セブハからクフラのオアシスへ、四輪駆動車でサハラを横に切って走ってもみたい。できれば精神病者や心因反応の患者の診察もしてみたい。彼らの内面を通して、変化するリビアを記述してみたい……。

等々の体験のふくらみの上で、リビア紀行をまとめたかったが、当分、かなえられることのない願いであろう。その機会を期して、今回の旅の報告を、お世話になった方々に届けることにしよう。

末尾ながら、日本企業と日・米・リビアの関係から、文中にお名前をあげるわけにいかなかったので、ここに記して、旅の感謝にかえたいと思う。出発にあたって配慮してくださった、生沼曹喜、ハーディ・アブディブ、神崎康史、小倉貞男の各氏。リビアでお世話になった、飯田弘夫妻、沼田順夫妻、舘村昌夫妻、荒川幹弘、津田拓男、松下正敬、荒木幸雄、古山泰往、岩熊暎匡、朝倉一郎、山本倫生、小塚哲司、鈴木登、林憲一郎の各氏(敬称略)。お一人、お一人に心からお礼を申しあげたい。

本書は、『諸君!』の一九八九年一一月号から一九九〇年一月号まで三回にわたって連載されたものをもとに、加筆修正している。原稿の枚数を守らぬ私につきあい、遅れる原稿を待っていてくださった文藝春秋の藤田曉彦さん、そして美しいカラーのプリントをはさんで本を作ってくださった情報センターの冨田耕作さんに、この場をかりて、お礼を伝えたい。

この原稿を書いているとき、トリポリ沖のマルタで新時代を期する米ソ首脳会談がひらかれた。カダフィ大佐やリビアの人々は、それをどんな思いで見ていたのであろうか。米ソの対立緩和、相互理解の進むなかで、パレスチナの和平が実現され、リビアの人々が豊かなイスラーム文化を創造していってほしいものである。

書き終えると、この本は、西欧近代と衝突したアラブの理想主義者であり、革命後は理想と国際政治や産油国としての現実との狭間に傷ついた一人の政治的人間に送られたレポートのようにも見える。そこで、この本をカダフィ大佐に献じ、また彼を悪者に決めつけるアメリカ人の眼にふれてもらいたいと願う。

一九八九年十二月末　洛北にて

著者

著者略歴

（のだ・まさあき）

1944年，高知県生まれ．北海道大学医学部卒業．長浜赤十字病院精神科部長，神戸市外国語大学教授などを経て，2004年度より関西学院大学教授．専攻は比較文化精神医学．主な著書に『コンピュータ新人類の研究』（文藝春秋，1987年，大宅壮一ノンフィクション賞）『喪の途上にて』（岩波書店，1992年，講談社ノンフィクション賞）『紊乱のロシア』（小学館，1993年）『庭園に死す』（春秋社，1994年）『災害救援』（岩波新書，1995年）『わが街 東灘区森南町の人々』（文藝春秋，1996年）『戦争と罪責』（岩波書店，1998年）『聖ロシアの惑乱』（小学館，1998年）『気分の社会のなかで』（中央公論新社，1999年）『国家に病む人びと』（中央公論新社，2000年）『犯罪と精神医療』（岩波現代文庫，2002年）『させられる教育』（岩波書店，2002年）『背後にある思考』（みすず書房，2003年）『共感する力』（みすず書房，2004年）『陳真——戦争と平和の旅路』（岩波書店，2004年）などがある．

野田正彰

砂漠の思想

リビアで考えたこと

2005年2月15日　印刷
2005年2月25日　発行

発行所　株式会社 みすず書房
〒113-0033　東京都文京区本郷5丁目32-21
電話　03-3814-0131(営業)　03-3815-9181(編集)
http://www.msz.co.jp

本文印刷所　シナノ
扉・表紙・カバー印刷所　栗田印刷
製本所　誠製本

Printed in Japan
ISBN 4-622-07113-4